清·張伯行輯
夏錫疇錄

# 課子隨筆鈔

文史哲出版社印行

**課子隨筆鈔** / 清・張伯行輯,夏錫疇錄 --
再版 -- 臺北市 ：文史哲, 民 102.05 印刷
頁; 公分
ISBN 978-957-547-600-7（平裝）

528.5

# 課子隨筆鈔

輯　者：清・張　伯　行
錄　者：清・夏　錫　疇
出版者：文　史　哲　出　版　社
http:// www.lapen.com.tw
e-mail：lapen@ms74.hinet.net
登記證字號：行政院新聞局版臺業字五三三七號
發行人：彭　正　雄
發行所：文　史　哲　出　版　社
印刷者：文　史　哲　出　版　社
臺北市羅斯福路一段七十二巷四號
郵政劃撥帳號：一六一八〇一七五
電話886-2-23511028・傳真886-2-23965656

**平裝定價新臺幣五〇〇元**

一九八七年（民七十六）五月初版
二〇一三年（民一〇二）BOD五月再刷


ISBN 978-957-547-600-7　　52008

# 課子隨筆鈔

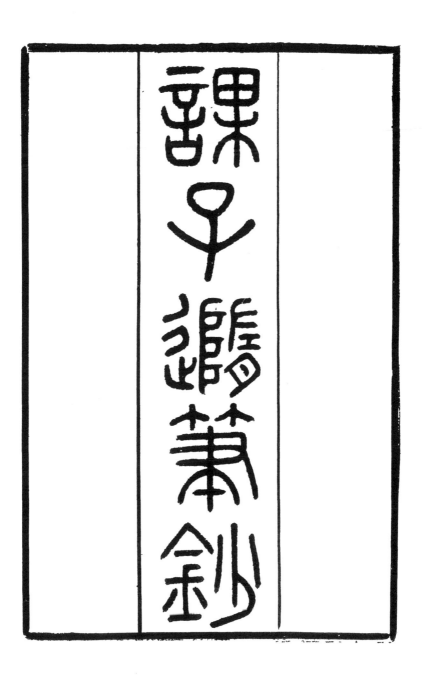

光緒乙未春湖
北官書局梓版

序

易大畜之象曰君子多識前言往行以畜其德禮曰博聞强識敦善行而不怠謂之君子蓋進德修業未有不藉於聞之博識之多者況子弟見識未明德性未定非飫聞古人嘉言懿行則心志無主而嗜欲攻取皆得而奪之故程子云人之幼也當以格言至論日陳於前盈耳充腹久自安習若固有之者日復一日雖有讒說搖惑不能奪也是則父師之所當教者莫急於此子弟之所以涵養德性者亦莫切於此若今之爲父師者吾惑焉童子丱角入塾便責以記誦之學稍長復令習舉業子弟之才且賢者流覽詞章掇拾經史苟博一科第父師以爲如是足

矣及叩之以立身行己應事接物之道茫乎未有聞若姿質駑下者更無足論是以或流蕩而無節或愚騃而無知雖曰子弟之不才亦父師之失敎使然也儀封張文渠先生爲淸恪公哲嗣幼承家學根柢盤深壯而宦遊閱歷益富思所以繇其世澤者爰採漢唐以迄我

朝凡昔人訓誡之言有益於子弟之身心日用者輯爲一書名曰課子隨筆而河內夏孝廉錫疇手鈔全帙復酌加增損之壬辰秋客舉以示余余夙有是志而因循未暇搜輯適覩是書頓覺素願之獲償也急取而讀之反復提撕其著於篇者陳義不必高而惕於心者爲失不在大昔臨桂陳文恭公謂天下有眞

教術斯有眞人材教術之端自閭巷始人材之成自兒童始故蒙以養正乃爲聖功所輯之養正遺規其言質智愚胥能通曉其事迺貴賤盡可遵行是書旨趣庶幾近之原本編錄時代次序不無參差余爲訂正而授之梓詳考所引作者履貫標註於下所不知者闕以待補書成顏曰課子隨筆鈔蓋仍張夏二公之舊也夫人莫不有子卽莫不欲其子之善使盡如是書之所以課子者以課其子則擴充廣大而德日修行日敦雖造聖賢之域無難卽不能而束身寡過恂恂謹愨處則爲端人出則爲良士其於

國家養育人才之意庶有裨乎若父師以是爲有妨科舉之學

而目爲迂談或子弟以爲非我之所能行而甘於暴棄吾知賢

不肖之相去其閒不能以寸也

道光十有二年冬至月蜀州楊國楨序

## 課子隨筆鈔原引

輯古今格言者多矣然率雜以世俗凡陋之說閒附釋道家言與夫一切謬悠放曠之論皆取而錄之名爲訓世良規其實與世說新語諸陋書等耳求其與聖人之道吻合而無疵者蓋鮮茲得儀封張又渠先生課子隨筆一書其所採皆醇正親切鞭辟著己深有益於學者蓋足與紫陽小學相表裏非學之博而擇之精者惡足與於此哉因亟取其本書鈔之刪其煩瑣鄙淺者置諸案頭時時展玩既欲以自箴又以示諸兒使讀之以助教誨之不逮云西墅逸民

課子隨筆原序

日親正人日聞正言日習正事斯可謂之賢矣乎曰未也然去不賢之途則日遠矣聞善而不知慕見惡而不知警流俗漸靡而不克振拔斯卽謂之不賢矣乎曰未也然去賢之途亦日遠矣風俗之厚薄不惟其鉅其端恆起於一身一家而其後遂若緇素之不相入秦越之不相及豈天之降材爾殊亦習俗之移人使然也博弈好飲酒敗檢也而儇者且以爲豪舉恆舞酣歌惑志也而溺者且以爲任達毀垣踰方蔑禮縱欲喪身亡家爲之者不覺而旁觀者惴惴焉前車覆後車續雖親愛莫如之何也周書曰世祿之家鮮克由禮又曰驕淫矜侉將由惡終又曰

惟德惟義時乃大訓不由古訓于何其訓吾儀爲汴東小邑長老所遺頗具美質猶憶兒時遨嬉里巷見夫士揖經籍人秉耒耜問所謂遊閒失業之人無有也家敦雍睦戶習儉勤問所謂勃谿忿鬩侈靡浮蕩之習無有也長者負劍辟咡少者奉手隨行一切睢盱傲惰之容嚚陵輕薄之狀無有也先清恪公以入座還鄉年齒名德皆不後於井里然遇宗黨族姻必周之恩誼貧交故友必重之款曲與父言慈與子言孝與昆弟言友過隴畝則話農桑入膠庠則勉誦讀此皆愚趨庭之頃所親見者也乃自宦遊以來至於終養上下十餘年而耳之所聞與目之所見覺月異而歲不同矣庚申以後居憂兀處讀禮之暇發函陳

策每於曩哲型家正俗之篇三復致意遇要言至論則錄取之朝夕諷詠旣念修能淺薄言行不爭於鄉黨欲稍稍發攄以爲世道人心之助無益不足取信或適以供才俊之訾謷耳今此之言皆儒先成論非由臆說幸承先緒門內有教家之責吾之子姓吾得而勸勵之規切之也因裒集所有都爲十卷命曰課子隨筆俾後之人於蒙養之始飫聞熟讀或者於賢不賢之途徑庶的然昭晰矣乎詩不云昔我有先正其言明且清閱是編也古之所謂咨嗟歎美者誠不知於今果何如若夫大聲疾呼危言激論知必有環視身世而怵然感於中動於色者在也時

乾隆十年歲次乙丑七月旣望改過齋主人師載書

重栞課子隨筆鈔並校閱同人

周　樂笠西 善化

胡光杰朗夫 湘潭

楊基善樂庭 黔陽

沈樹鈞紹泉 仁和

成邦幹梓臣 湘鄉

李輔燿幼梅 湘陰

李輔焌佛翼 湘陰

龔尙毅杲齋 善化

謝永祥蘭亭 瀏陽

莫韞輝綬珊 善化

# 儀封張慤敬公神道碑銘

太僕寺卿前翰林院檢討雍正己酉進士乾隆丙辰博學鴻詞錢塘陳兆崙星齋

河南儀封張氏。清恪公諱伯行。康熙朝仕歷江南福建巡撫。濟擢尚書。以廉直名海內。
聖祖仁皇帝嘗稱爲天下第一清官。其仲子師載。字又渠。號愚齋。初得官。
陛見。
先帝指示宰臣曰。此張伯行子。好司官。
今上眷遇益隆。每
召見。輒詢及隨父任犄事。
天容溫霽。

賞賜優渥公故以報
國活民爲心用是益感激奮勉懼有玷缺爲名父羞乾隆甲申
以河東督按河東督轄河南山東兩省河道卒於位年六十有九公由康熙丁
酉鄉舉得一品廕補戶部員外郎雍正九年出授知揚州府值
揚州歲饑散賑而高郵湖西之民緣被災分數稍輕不得與公
行部至其地見道旁人多骨立待盡大驚召長吏詰責隨請於
上官不待報而稟之凡活男婦數千口江都芒稻閘爲淮黃高
寶諸河入江之關鍵所司貪商人餌惟知蓄水爲運鹽地藉口
必奉鹺使令乃開會夏潦暴漲低田盡淹公訪知運鹽須水六
七尺而旣過其半遂單騎馳往督役啟閘纔啟四板水暢出甚

疾乃艤舟宿其旁明旦田皆涸出然後走白鹺使使者大恚責公專公謝曰知府信有譽矣第拯溺不淹刻必預請而後行如此萬家煙火何後具文上大府請歸府轄許之芒稻閘之屬府啟閉自此始公雖隨清恪公外任久晨夕唯讀父書及所精宋五子之學不與吏事尤於水利絕少見聞乃其出守初政卽已可觀如此故知才智由悃愊以出而其一生周歷中外顯職遂與河務相終始豈非冥冥中有意篤生為

盛朝宣力者歟自知府遷職兩任河庫道河庫掌管鑰不任功過向為美官公以才為前後督臣所倚信輒委辦險要大工以故於河務寖熟悉乾隆十年遷江蘇按察使未任調江西尋內

遷右通政。明年七月。由宗人府丞擢倉場侍郎。

命閱視天津河道。旋以侍郎出副江南河督。十有六年。

上南巡。接

駕。道授安徽巡撫。仍協理南河事。明年。秋充省試監臨。在闈中而河溢二閘。徐州被衝。公與文定高公並褫職。在工贖罪。又二年。放歸。丙子。起爲兵部侍郎。五月。遷尚書。總督漕務。丁丑正月。調令任。時山東孫工決口。按孫工即孫家集。賈船漕艘如泛大海中。公冒風雪宿河岸。鐙熒熒達曙。如此閱冬春。疏築始完。公嘗言河東水勢土性與江南異。兩岸相距寬。宜多挑引河以殺險。土多浮沙。宜厚培客土以實虛。自此由濟甯治所抵開封。歲往來如纖而公心力亦瘁於是矣。先是乾隆三年、在河庫道任。伯兄某病故原籍。而大母太夫人王在堂。遂尅期告養。上官固留不可。前此雍正末、河督文敏嵇公母卒。蒙在任守制之
命。將具摺固請終喪。衆以違
旨獲罪爲疑。公慨然進曰。公父孝母節。門望非常。患請之不力耳。何禍之觸。文敏謝曰。謹受教。其在江西。嚴無故遷葬之禁。行連坐法。薄俗竟革。撫安徽二年。多偏災。皆據實上
聞。請恤全活甚衆。痛懲匿名訐告時習。以靖地方。葢資孝以事
君者。不敢惡於人。因之宣德達情。而澤流百姓。亦固其所。凡此皆清恪公之敎也。公平生治水方略。所著書藏於家。其隨時措

置條理。及一切治行。已具諸城相國誌中。而長君景渭之子承重裕穀。及次君景沆。又次後伯兄者曰琦。復合辭遣信詣余、匃以崖略揭之碑。銘曰、

禹迹既湮。治河孔艱。上策難行。在漢已然。或議棄地、墳壚蕩焉匪徒衆讟。於心奚安。意惟深剔。去沙是急。廣開支港。以通其塞於末求本。此計猶得。增庳培薄。救時之爲。爲之務實。亦大有裨毋忽蟻穴。庶屹金隄。惟公任勞。南北周遭。保障千里。通行萬艘清恪有訓。毫毛無競。祇此俸錢。無慚見

聖。家風清白。如秉繼震。鬻產奉公。破家積行。

帝鑒其誠。謚曰慤敬。爰

賜祭葬。松楸輝映。哀亦增榮。善斯行慶。樹碣道旁。永爲世鏡。
張懿敬公卒。贈太子太保。祀鄉賢。著有改過齋文集。讀書日鈔。課子隨筆等書。其課子隨筆。經邵窩夏用九先生增刪訂正。曰課子隨筆鈔。道光辛卯。河內令劉公厚滋。請祀邵窩先生於鄉賢。並以是書鈔本。呈楊海梁撫軍。撫軍序而栞之。今湘中尚尟傳本。爰採懿敬公神道碑銘。邵窩自撰傳。暨其高足弟子武陟任先生若海書後。列諸簡端。兼攷從祀孔庭之諸賢諸儒。補加按語。偕弟輔焌商之同志諸公。集貲授梓。庶尚論者得資觀感。以益身心云。湘陰李輔燿謹識。

夏邵窩先生自撰傳

陶隱氏者不知其姓名自號曰陶隱氏與人往還書荅俱以陶隱氏爲其名故人亦以陶隱氏呼之或曰以晚好神農氏之經嘗讀嶺上白雲之詩而慕之願學焉故曰陶隱氏或曰家薄不足以自養乃習爲商賈之行陶隱氏者以陶朱公之業自隱其身不欲以其志與學見乎世也生平寡交遊與俗不苟合喜讀易結廬吟誦其中題曰獨寐齋與長嘯子友善獨時相往來無間性凱易雖嫉一切熟輭之蠱世壞俗然與世無競人有忤之者亦不以屑意行己無矯飾務諧人情樂與人爲善田叟畦傭見之無不飫其意以平恕接物以謹獨持身嘗自銘其座右曰

不敢得罪於天地鬼神。不敢得罪於父兄宗族。不敢得罪於鄉黨朋友。以此自周。而脫世患。南湖居士曰。吾昔與陶隱氏遠業故知其為人也。稔少有志於聖賢之學。蘄約言而躬行。治經通大義。不為章句之習。嘗自言曰。今之講學者。吾知之矣。摩倣其口吻。比附其文字。以較量於錙銖毫釐。依稀輕重之閒。若是者俗學也。吾弗為也。悟空習靜。妙歸本體。埽除見聞。屛絕私慮。以程朱為支離。若是者。異學也。吾弗為也。又曰。耽嗜泉石。厭鄙世故。甘心枯槁。而無聞者。畸民也。吾弗為也。趨時若鶩。逐利如蠅。巧宦通神。前有阱而不見。後有賊而不知者。戮民也。吾竊矜而悲之。其或志切功名。挾策干主。布衣上書。以此博名而顯天下吾力弗及焉。而又不爲也。問其自處。笑而不答。讀書求之於心。以達之於世。事有所得。輒鈔而錄之。久之積爲卷帙。祕而藏焉。未嘗出以示人。曰。吾有待焉故也。豈竟無其人哉。睹習俗澆薄。人材靡靡。入於衰壞。故教人以立身爲本。立身以有恥爲本。有恥自不干人。始不干人。自咬菜根始。又患學者溺於詞章。往往以飢寒自累。嘗稱許魯齋之言曰。學者治生最不可忽。彼旁求妄進。無恥嗜利者。亦窘於生理之所致耳。治生以務農爲上。商賈雖爲逐末。然處之不失義理。亦有可爲者。決不可以教學作官圖爲生計也。蓋士生三代之後。學不足而惟二者之求。苟以贍利而已。其中醜態曲折。有不堪以告人者多矣。豈若商賈之可以裕其生而無患哉。故平居未嘗以授徒爲業。有來就者。則隨其材質掖進之。曰。庶有漸而化者。家世白屋。無仕宦之階。讀書不足以自給。而兼耕。耕又不足以自給。乃張藥室以棲焉。而俯仰其貴賤。以效販易之術。曰。擇人而任時。儻亦無惡於天道歟。故牓其居壁曰。爲作生涯。聊沈市蹟。若無租吏。卽是山居。虖乎。夫果有樂於斯乎。夫不亦君子之有取乎爾也。後必當有知之者。

無名子曰。吾聞諸野民。陶隱氏嘗有利濟天下之心。方其時。朝廷盛德隆厚。刑網疏闊。遠過前代。各省郡守以下。亦皆習爲寬大。而胥吏隸役。罔知顧忌。誣上行私。陵虐平民。故輕俠無賴之徒多與吏爲難。而醇良或無以自存。立陶隱氏嘗攻舉子業。卽貢於有司。一不中於禮部。遂決然以返。無復仕進之志。躬被叫囂之毒。韜聲匿蹟。惴惴不常出一語。租吏到門。輒如其索償之。或剝膚剜髓。償之不少惜。曰吾上不能爲宰相以利天下。下不能爲守令以利一郡邑。顧藉苟護其一身。能不與民並病。亦何足云。況不能乎。吁嗟乎。此豈陶隱氏一身之故哉。吾故表而傳以志慨焉。

門人任若海曰。先生姓夏氏。諱錫疇。字用九。別號西墅逸民。世居河內縣之西保村。生而好學。至老不倦。其爲文上宗秦漢。而斷制不苟。一洗六朝駢麗之習。然恥以文章名世。篤志勵行。書之所爲。夜必書之。嘗謂得志於時。則崇正學。變士習爲急務也。乾隆癸卯。舉於鄉。以親老不果仕。乃建宗祠。立宗約。置義田。敦本訓俗。講學於西墅中。而自稱陶隱氏。無名子。若不欲以姓字聞於人者。於經史子集。靡不精討而切究之。尤嗜易。誦覽一室。額以邵窩。故學者又稱邵窩先生。所著有讀易私鈔。讀易私說。强學錄。按道光癸巳安岳周大日省格令昺潢采是錄於溫邑。所輯有自警編。四書爲學指南。强恕堂家範。課子隨筆鈔。强識錄。邵窩筆錄。邵窩偶存。綱目撮要。家禮儀節。總要。砭俗粹言。所評定有律麻星紀。地理圖誌。大學衍義。左傳。史漢五代史通鑑諸書。嘗曰。吾沒時。無庸求當世諛墓之辭。以爲榮。吾有陶隱氏傳。可栞以誌吾墓。若海等敬從之。而疑其並名與字俱隱焉。謹撮其里居姓氏。行誼之大略。附於傳後。以示後之營道同術者。

# 課子隨筆鈔目錄

## 卷一

卷二

卷三

夏先生約言躬行本居敬窮理而致功於讀書應務明體達用書晝爲宵得得則必書以此爲學即以此爲教粹然儒者之宗當述醉古堂格言休委罪於氣化一切責之人事休過望於世間一切求之我身又述范忠宣公曰以責人之心責己恕己之心恕人鞭辟近裏其揆一也是鈔學者必主此意讀之始有進步若狃於恕己苛於責人差之毫釐謬以千里

瘦叟附識

# 課子隨筆鈔卷一

儀封張又渠先生輯

河內夏錫疇鈔錄

## 誡兄子嚴敦書

馬　援字文淵扶風茂陵人後漢伏波將軍封新息侯

吾欲汝曹聞人過失。如聞父母之名。耳可得聞。口不可得言也。好議論人長短。妄是非正法。此吾所大惡也。甯死不願聞子孫有此行也。汝曹知吾惡之甚矣。所以復言者。施衿結縭。申父母之戒。欲使汝曹不忘之耳。龍伯高敦厚周慎。口無擇言。謙約節儉廉公有威。吾愛之重之。願汝曹效之。杜季良豪俠好義。憂人之憂。樂人之樂。清濁無所失。父喪致客。數郡畢至。吾愛之重之。不願汝曹效也、效伯高不得、猶爲謹敕之士、所謂刻鵠不成、尚類鶩者也。效季良不得。陷爲天下輕薄子。所謂畫虎不成。反類狗者也。訖今季良尚未可知。郡將下車輒切齒。州郡以爲言。吾常爲寒心。是以不願子孫效也。

誡子書

諸葛亮 字孔明琅琊陽都人寓居南陽季漢丞相封武鄉侯謚忠武○按公從祀孔庭

夫君子之行、靜以修身、儉以養德、非澹泊無以明志、非甯靜無以致遠。夫學須靜也。才須學也。非學無以廣才。非靜無以成學。慆慢則不能研精。險躁則不能理性。年與時馳。意與日去。遂成

枯落多不接世悲守窮廬將復何及

訓子

盧　氏 北魏崔元暐母

吾見姨兄屯田郎中辛元馭曰兒子從宦者有人來云貧乏不能存此是好消息若聞貲貨充足衣馬輕肥此惡消息吾嘗以爲確論比見親表中仕宦者將錢物上其父母父母但知喜悅竟不問此物從何而來必是祿俸餘貲誠亦善事如其非理所得此與賊盜何別縱無大咎獨不內愧於心

顏氏家訓

顏之推 字子介琅琊臨沂人北齊中書舍人尋除黃門侍郎

夫有人民而後有夫婦有夫婦而後有父子有父子而後有兄
弟一家之親此三者而已矣自茲以往至於九族皆本於三
親焉故於人倫爲重者也不可不篤兄弟者分形連氣之人
也方其幼也父母左提右挈前襟後裾食則同案衣則傳服
學則連業遊則共方雖有悖亂之人不能不相愛也及其壯
也各妻其妻各子其子雖有篤厚之人不能不少衰也娣姒
之比兄弟則疏薄矣今使疏薄之人而節量親厚之恩猶方
底而圓蓋必不合矣惟友悌深至不爲旁人之所移者免夫
父子之嚴不可以狎骨肉之愛不可以簡簡則慈孝不接狎則
怠慢生焉由命士以上父子異宮此不狎之道也抑搔癢痛

懸衾篋枕。此不簡之敎也。

二親既沒。兄弟相顧。當如形之與影。聲之與響。愛先人之遺體。惜己身之分氣。非兄弟何念哉。兄弟之際。異於他人。望深則易怨。地親則易弭。譬猶居室。一穴則塞之。一隙則塗之。則無頹毀之慮。如雀鼠之不恤。風雨之不防。壁陷楹淪。無可救矣。僕妾之爲雀鼠。妻子之爲風雨。甚哉。

兄弟不睦。則子姪不愛。子姪不愛。則羣從疏薄。羣從疏薄。則僮僕爲讐敵矣。如此則行路皆踖（迹七二音蹈也）其面而蹈其心。誰救之哉。人或交天下之士。皆有歡愛。而失敬於兄者。何其能多而不能少也。人或將數萬之師。得其死力。而失恩於弟者。何其能疏而不能親也。

婦主中饋。惟事酒食衣服之禮耳。國不可使預政。家不可使幹蠱。如有聰明才智。識達古今。正當輔佐君子。助其不足。必無牝雞晨鳴。以致禍也。

吾家巫覡禱請。絕於言議。符書章醮。亦無祈焉。並汝曹所見也。一勿妖妄之費。

士大夫子弟。數歲以上。莫不被教。多者或至禮傳。少者不失詩論。及至冠婚。體性稍定。因此天機。倍須訓誘。有志尚者。遂能磨礪。以就素業。無履立者。自茲惰慢。便為凡人。人生在世。會當有業。農民則計量耕稼。商賈則計論貨賄。工巧則致精器用伎藝則沈思法術武夫則慣習弓馬文士則講議經書多見士大夫恥涉農商羞務工伎射既不能穿札筆則纔記名姓飽食醉酒忽忽無事以此銷日以此終年或因家世餘緒得一階半級便謂爲已足安能自苦及有吉凶大事議論得失蒙然張口如坐雲霧公私宴集談古賦詩塞然低頭欠伸而已有識旁觀代其入地何惜數年勤學長受一生愧辱哉

夫所以讀書學問本欲開心明目利於行耳未知養親者欲其覩古人之先意承顏怡聲下氣不憚劬勞以致甘輭惕然慚懼起而行之也未知事君者欲其觀古人之守職無侵見危授命不忘誠諫以利社稷惻然自念思欲效之也素驕奢者

欲其覿古人之恭儉節用。卑以自牧。禮爲敎本。敬者身基。瞿然自失。斂容抑志也。素鄙悋者。欲其觀古人之貴義輕財。少私寡慾。忌盈惡滿。賙窮卹匱。赧然悔恥。積而能散也。素暴悍者。欲其觀古人之小心黜己。齒敝舌存。含垢藏疾。尊賢容衆。薾音涅疲也然阻喪。若不勝衣也。素怯懦者。欲其覿古人之達生委命。强毅正直。立言必信。求福不回。勃然奮厲。不可恐懼也。夫學者所以求益耳。見人讀數十卷書。便自高大。凌忽長者。輕慢同列。人疾之如讐敵。惡之如鴟梟。如此以學自損。不如無學也。古之學者爲己。以補不足也。今之學者爲人。但能說之也。古之學者爲人。行道以利世也。今之學者爲己。修身以求進也。夫學者、猶種樹也。春玩其華。秋登其實。講論文章、春華也。修身利行。秋實也。

禮云。欲不可縱。志不可滿。宇宙可臻。其極。情性不知其窮。唯在少欲知止。爲立涯限耳。先祖靖侯戒子姪曰。汝家書生門戶。世無富貴。自今仕宦不可過二千石。婚姻勿貪勢家。吾終身服膺以爲名言也。

戒子弟書

柳　玭　京兆華原人仲郢子　唐書附柳公綽傳

壞名災己。辱先喪家。其失尤大者五。宜深誌之。其一。自求安逸。靡甘澹泊。苟利於己。不恤人言。其二。不知儒術。不悅古道。懵前經而不恥論當世而解頤。身既寡知惡人有學。其三。勝己者厭之。佞己者悅之。唯樂戲談。莫思古道。聞人之善嫉之。聞人之惡揚之。浸漬頗僻。銷刻德義。簪裾徒在。廝養何殊。其四。崇好優游。耽嗜麴蘖。以銜杯爲高致。以勤事爲俗流。習之易荒。覺已難悔。其五。急於名宦。暱近權要。一資半級。雖或得之。眾怒羣猜。鮮有存者。余見名門右族。莫不由祖先忠孝勤儉以成立之。莫不由子孫頑率奢傲以覆墜之。成立之難如升天。覆墜之易如燎毛。言之痛心。爾宜刻骨。

門第高。可畏不可恃也。立身行己。一事有失。則得罪重於他人。死無以見先人於地下。此其所以可畏也。門第高則驕心易生族盛。則爲人所嫉。懿行實才。人未知信。少有疵纇。衆皆指之。此其所以不可恃也。故膏粱子弟。學宜加勤。行宜加厲。僅得此他人耳。

## 家戒

柳　開（字仲塗大名人幼警悟豪勇宋太宗時知甯邊軍自號東郊野夫又號補亡先生）

皇考治家孝且嚴。旦望弟婦等拜堂下。畢。即上手低面。聽我皇考訓誡曰。人家兄弟無不義者。盡因娶婦入門。異姓相聚。爭長競短。漸漬日聞。偏愛私藏。以致背戾。分門各戶。患若賊讐。皆汝婦人所作。男子剛腸者幾人。能不爲婦人言所惑。吾見多矣。若等甯有是邪。退則惴惴不敢出一語。爲不孝事。開輩抵此賴之。

得全其家云。

家訓

范仲淹（字希文蘇州吳縣人宋參知政事諡文正○按公從祀孔庭）

范文正公爲參知政事時。告諸子曰。吾貧時。與汝母養吾親。汝母躬執爨。而吾親甘旨未嘗充也。今而得厚祿。欲以養親。親不在矣。汝母亦已早世。吾所最恨者。忍令若曹享富貴之樂也。吾吳中宗族甚眾。於吾固有親疏。然吾祖宗視之。則均是子孫。固無親疏也。苟祖宗之意無親疏。則飢寒者吾安得不恤也。自祖宗來積德百餘年。而始發於吾。得至大官。若獨享富貴而不恤宗族。異日何以見祖宗於地下。今何顏入家廟乎。於是恩例俸

賜常均於族人幷置義田宅云

戒子孫

邵　雍字堯夫河南洛陽人隱居不仕有皇極經世書賜號康節先生○按先生從祀孔庭

上品之人不教而善中品之人教而後善下品之人教亦不善不教而善非聖而何教而後善非賢而何教亦不善非愚而何是知善也者吉之謂也不善也者凶之謂也吉也者目不觀非禮之色耳不聽非禮之聲口不道非禮之言足不踐非禮之地人非善不交物非義不取親賢如就芝蘭避惡如畏蛇蠍或曰不謂之吉人則吾不信也凶也者語言詭譎動止陰險好利飾非貪淫樂禍疾良善如讐隙犯刑憲如飲食小則殞身滅性大

則覆宗絕祀或曰不謂之凶人則吾不信也傳有之曰吉人爲善惟日不足凶人爲不善亦惟日不足汝等欲爲吉人乎欲爲凶人乎

家訓

司馬光字君實解州夏縣人宋左僕射封溫國公謚文正○按公從祀孔庭

凡諸卑幼事無大小毋得專行必咨稟於家長凡子受父母之命必籍記而佩之時省而速行之事畢則返命焉或所命有不可行者則和色柔聲具是非利害而白之待父母之許然後改之若不許苟於事無大害者亦當曲從若以父母之非而直行己志雖所執皆是猶爲不順之子況未必是乎

## 訓儉示康

司馬光

吾本寒家。世以清白相承。吾性不喜華麗。自爲乳兒。長者加以金銀華美之服。輒羞赧棄去之。二十忝科名。聞喜宴獨不戴花。同年曰。君賜不可違也。乃簪一花。平生衣取蔽寒。食取充腹。亦不敢服垢弊以矯俗干名。但順吾性而已。眾人皆以奢靡爲榮。吾心獨以儉素爲美。人皆嗤我固陋。吾不以爲病。應之曰。孔子稱與其不孫也寧固。又曰。以約失之者鮮矣。又曰。士志於道。而恥惡衣惡食者。未足與議也。古人以儉爲美德。今人乃以儉爲詬病。嘻。異哉。近歲風俗尤爲侈靡。走卒類士服。農夫躡絲履。吾記天聖中先公爲羣牧判官。客至未嘗不置酒。或三行五行。多不過七行。酒沽於市。果止於梨栗棗柿之類。殽止於脯醢菜羹。器用瓷漆。當時士大夫家皆然。人不相非也。會數而禮勤。物薄而情厚。近日士大夫家酒非內法。果殽非遠方珍異。食非多品。器皿非滿案。不敢會賓友。常數日營聚。然後敢發書。苟或不然。人爭非之。以爲鄙吝。故不隨俗奢靡者蓋鮮矣。嗟乎。風俗頹敝如是。居位者雖不能禁。忍助之乎。又聞昔李文靖公爲相。治居第於封邱門內。廳事前僅容旋馬。或言其太隘。公笑曰。居第當傳子孫。此爲宰相廳事誠隘。爲太祝奉禮廳事已寬矣。參政魯公爲諫官。眞宗遣使急召之。得於酒家。既入。問其所來。以實對。

上曰嘗為清望官奈何飲於酒肆對曰臣家貧客至無器皿殽果故就酒家觴之上以其無隱益重之張文節為相自奉養如為河陽掌書記時所親或規之曰公今受俸不少而自奉若此公雖自信清約外人頗有公孫布被之譏公宜少從眾公歎曰吾今日之俸雖舉家錦衣玉食何患不能顧人之常情由儉入奢易由奢入儉難吾今日之俸豈能常有身豈能常存一旦異於今日家人習奢已久不能頓儉必至失所豈若吾居位去位身存身亡常如一日乎嗚呼大賢之深謀遠慮豈庸人所及哉御孫曰儉德之共也侈惡之大也共同也言有德者皆由儉來也夫儉則寡欲君子寡欲則不役於物可以直道而行小人寡

欲則能謹身節用遠罪豐家故曰儉德之共也侈則多欲君子多欲則貪慕富貴枉道速禍小人多欲則多求妄用敗家喪身是以居官必賄居鄉必盜故曰侈惡之大也昔正考父饘粥以餬口孟僖子知其後必有達人季文子相三君妾不衣帛馬不食粟君子以爲忠管仲鏤簋朱紘山節藻梲孔子鄙其小器公叔文子享衛靈公史鰌知其及禍及戍果以富得罪出亡何曾日食萬錢至孫以驕溢傾家石崇以奢靡誇人卒以此死東市近世寇萊公豪侈冠一時然以功業大人莫之非子孫習其家風今多窮困其餘以儉立名以侈自敗者多矣不可徧數聊舉數人以訓汝汝非徒身當服行當以訓汝子孫使知前輩之風

俗云

訓言

伊川程子 名頤字正叔河南人宋崇政殿說書諡正世稱伊川先生○按程子從祀孔庭

今人多不知兄弟之愛且如閭閻小人得一食必先以食父母夫何故以父母之口重於己之口也得一衣必先以衣父母夫何故以父母之體重於己之體也至於犬馬亦然待父母之犬馬必異乎己之犬馬也獨愛父母之子卻輕於己之子甚者至若讎敵舉世皆如此惑之甚矣

戒子弟

范純仁 字堯夫文正公次子皇祐進士累官尚書右僕射兼中書侍郎諡忠宣

人雖至愚責人則明雖有聰明恕己則昏爾曹但常以責人之心責己恕己之心恕人不患不到聖賢地位也

與長子受之

晦庵朱子 名熹字元晦新安人宋煥章閣待制兼侍講謚文○按朱子升配孔庭哲位

早晚受業請益隨衆例不得怠慢日間思索有疑用冊子隨手劄記候見質問不得放過所聞誨語歸安下處思省切要之言逐日劄記歸日要看見好文字錄取歸來

不得自擅出入與人往還初到問先生有令見者見之不令見則不必往人來相見亦啟稟然後往報之此外不得出入一步居處須是居敬不得倨肆惰慢言語須要諦當不得戲笑

喧嘩

凡事謙恭不得尙氣淩人自取恥辱

不得飮酒荒思廢業亦恐言語差錯失己忤人尤當深戒不可言人過惡及說人家長短是非有來告者亦勿酬答於先生之前尤不可說同學之短

交遊之間尤當審擇雖是同學亦不可無親疏之辨此皆當請於先生聽其所敎大凡敦厚忠信能言吾過者益友也其諂諛輕薄傲慢褻狎導人爲惡者損友也推此求之亦自合見得五七分更問以審之百無所失矣但恐志趣卑凡不能克己從善則益者不期疏而日遠損者不期近而日親此須痛

加檢點而矯革之不可荏苒漸習自趨小人之域如此則雖有賢師長亦無救拔自家處矣

見人嘉言善行則敬慕而記錄之見人好文字勝己者則借來熟看或傳錄之而咨問之思與之齊而後已不拘長少惟善是取

以上數條切宜謹守其所未及亦可據此推廣大抵只是勤謹二字循之而上有無限好事吾雖未敢言而竊爲汝願之反之而下有無限不好事吾雖不欲言而未免爲汝憂之也蓋汝若好學在家足可讀書作文講明義理不待遠離膝下千里從師汝既不能如此卽是自不好學已無可望之理然

今遣汝者恐汝在家汨於俗務不得專意又父子之間不欲晝夜督責及無朋友聞見故令汝一行汝若到彼能奮然勇爲力改故習一味勤謹則吾猶有望不然則徒勞費只與在家一般他日歸來又只是舊時伎倆人物不知汝將何面目歸見父母親戚鄉黨故舊耶念之念之夙興夜寐無忝爾所生在此一行千萬努力

## 袁氏世範

袁　采　字君載衢州人宋時官至監登聞院

人之有子須使有業貧賤而有業則不至於飢寒富貴而有業則不至於爲非凡富貴之子弟耽酒色好博弈異衣服飾輿

馬與羣小爲伍以至破家者非其本心之不肖由無業以度日遂起爲非之心小人贊其爲非則有餔啜錢財之利常乘間而翼成之子弟痛宜省悟父之兄弟謂之伯父叔父其妻謂之伯母叔母服制減於父母一等者蓋謂其撫字教育有父母之道與親父母不相遠而兄弟之子謂之猶子亦謂其奉承報效有子之道與親子不相遠故幼而無父母者苟有伯叔父母則不至於無所養老而無子孫者苟有猶子則不至於無所歸此聖王制禮立法之本意今人或不然自愛其子而不顧兄弟之子又有因其無父母欲兼其財百端以擾害之何以責其猶子之孝故猶

子亦視其伯叔父母如仇讐矣。

人有數子。無所不愛而於兄弟則相視如仇讐往往其子因父之意遂不禮於伯父叔父者殊不知己之兄弟卽父之諸子己之諸子卽他日之兄弟我於兄弟不和則我之諸子更相視效能禁其不乖戾否子不禮於伯叔父則不孝於父亦其漸也故欲吾之諸子和同須以吾之處兄弟者示之欲吾之諸子孝於己須以其善事伯叔父者先之。此段可與金氏宗約相發明。

凡人之家有子弟及婦女好傳遞言語則雖聖賢同居亦不能不爭且人之作事不能皆是不能皆合他人之意甯免其背後評議背後之言人不傳遞則彼不聞知甯有忿爭惟此言

彼聞則積成怨恨況兩遞其言又從而增易之怨至於牢不可解惟高明之人有言不聽則此輩自不能離間其親然而同居之人或相往來須揚聲曳履使人知之不可默造處其適議及我則彼此愧慚進退不可況其閒有不曉事之人好伏於幽暗之處以伺人之言語此生事興爭之人豈可久與同居然人之居處不可謂僻地無人而輒譏議人必慮或有聞之者俗說牆壁有耳又曰日不可說人夜不可說鬼

人家不和多因婦女以言激怒其夫及同氣蓋婦女所見不廣不遠不公不平又其所謂舅姑伯叔妯娌皆假合強爲之稱呼非自然天屬故輕於割絕易於修怨非丈夫有遠識則爲

其役而不自覺一家之中乖變生矣於是有親兄弟子姪隔屋連牆至死不相往來者有無子而不肯以猶子爲後有多子而不以與其兄弟者有不恤兄弟之貧養親必欲如一甯棄親而不顧者有不恤兄弟之貧葬親必欲均費甯留喪而不葬者其事多端不可槩述亦嘗見有遠識之人知婦女之不可諫誨而外與兄弟相愛常不失歡私救其所急私賙其所乏不使婦女知之彼兄弟之貧者雖深怨其婦子而重其兄弟至於當分析之際不敢以貧故而貪愛其兄弟之財產者蓋由見識高遠之人不聽婦女之言而先施之厚因以得兄弟之心也

婦女之易生言語者。多出於婢妾之離間。婢妾愚賤。尤無見識。以言他人之短失爲忠於主母。若婦女有見識。能一切勿聽。則虛佞之言。不復敢進。若聽之信之。從而愛之。則必再言之又言之。使主母與人遂成深讐。爲婢妾者方洋洋得意。非特婢妾爲然。僕隸亦多如此。若主翁聽信。則房族親戚故舊皆大失歡。而善良之僕佃。皆翻致誅責矣。有識之人。自宜醒悟

一應親戚故舊。有所假貸。不若隨力給與之。言借則我望其還。不免有所索。索之既頻。而負償怨生。反怒曰。我欲償之。以其不當頻索。則姑已之。方其不索。則又曰。彼不下氣問我。我何爲强還之。故索亦不償。不索亦不償。終於交結怨而後已。蓋

貧人之假貸初無肯償之意縱有肯償之意亦何由得償或假貸作經營又多以命窮計拙而折閱方其始借之時禮甚恭言甚遜其感恩之心可指日以爲誓至他日責償之時恨不以兵刃相加親戚故舊因財成怨者多矣俗謂不孝怨父母欠債怨財主不若念其貧隨吾意之厚薄舉以與之則我無責償之念彼亦無怨於我按袁氏世範又有一條云兼幷之家見有產之家子弟昏愚不省及有緩急多是將錢强以借與或始借之時設酒食以媚悅其意或既借之後歷數年不索取待其息多又設酒食招誘使之結轉併息爲本別更生息又誘勸其將田產抵還法禁雖嚴多是倖免惟天網不漏諺云富兒更替做蓋謂迭相酬報也當併載之以爲盤剝取利之戒

子孫有過爲父祖者多不自知貴宦尤甚蓋子孫有過多掩蔽

父祖之耳目外人知之竊笑而已不使其父祖知之至於鄉曲貴宦人之進見有時稱道盛德之不暇豈敢言其子孫之非況又自以子孫爲賢而以人言爲誣故子孫以彌天之過而父祖不知也間有家訓稍嚴而母氏猶有庇其子之惡不使其父知之者富家之子孫不過耽酒好色賭博近小人破家之事而已貴宦之子孫不止此也其居鄉也强索人之酒食强貸人之錢財强借人之物而不還强買人之物而不償親近羣小則使之假勢以淩人侵害良善則多致飾辭以妄訟鄉人有曲禮犯法事認爲己事名曰擔當鄉人有爭訟則僞作父祖之簡干懇州縣求以曲爲直差夫借船放稅免罪

以其所得爲酒色之娛殆非一端也其隨侍也私令市賈買物私令吏人買物私託場務買物皆不償其直吏人補名吏人免罪吏人有優潤皆必責其報典買婢妾限以低價而使他人塡賠或同院子游狎或干場務放稅其他妄有求覓亦非一端不恤誤其父祖陷於刑辟也凡爲人父祖者宜知此事常關防更當詢訪或庶幾焉

世事多更變乃天理如此今世人往往見目前稍稍榮盛以爲此生無足慮不旋踵而破壞者多矣大抵天序十年一換甲則世事一變今不須廣論久遠只以鄉曲十年前二十年前比論目前其成敗興衰何嘗有定勢世人無遠識凡見他人

興進及有如意事則懷妒見他人衰退及有不如意事則譏笑同居及同鄉人最多此患若知事無定勢如築牆之板然或上或下或下或上則自慮之不暇何暇妒人笑人哉

膺高年享富貴之人必須少壯之時嘗盡艱難受盡辛苦不曾有自少壯享富貴安逸至老者故早年登科及早年受補奏之人必於中年齟齬不如意中年齟齬不如意卻於暮年方得榮達或仕宦無齟齬必其生事窘薄憂飢寒慮婚嫁有所困鬱而然若早年宦達不歷艱難辛苦及承父祖生事之厚更無不如意者又多不獲高壽蓋造物乘除之理類多如此其間亦有始終享富貴者乃是有大福之人亦千萬人中間

一有之非可常也今人往往機心巧謀皆欲不受辛苦卽享富貴至終身蓋不知此理而又非理計較欲其子孫自少小安然享大富貴尤其蔽惑也終於人力不能勝天徒爲蒼蒼者笑耳

人生世間自有知識以來卽有憂患不如意事小兒叫號皆其意有不平自幼至少至壯至老如意之事常少不如意之事常多雖大富貴之人天下之所仰羨以爲神仙而其不如意處各自有之與貧賤人無異特其所憂慮之事異耳故謂之缺陷世界以人生世間無足心滿意者能達此理而順受之則可少安凡人謀事雖日用至微者亦須齟齬而難成或幾

成而敗。既敗而復成。然後其成也。永久平甯。無復後患。若偶然易成。後必有不如意者。造物微機。不可測度。如此。靜思之則見此理。可以寬懷。

人之平居。必近君子而遠小人者。君子之言。多長厚端謹。此言先入於吾心。及吾之臨事。自然出於長厚端謹矣。小人之言。多刻薄浮華。此言先入於吾心。及吾之臨事。自然出於刻薄浮華矣。且如朝夕聞人尙氣好淩人之言。吾亦將尙氣好淩人而不覺矣。朝夕聞人游蕩不事繩檢之言。吾亦將游蕩不事繩檢而不覺矣。如此非一端。非大有定力。必不免漸染之患也。

人有善誦我之美。使我喜聞而不覺其諛者。小人之最姦黠者也。彼其面諛我而我喜。及其退與他人語。未必不竊笑我爲他所愚也。人有善揣人意之所向。先發其端。導而迎之。使人喜其言與己暗合者。亦其人之最姦黠者也。彼其揣我意而果合。及其退與他人語。又未必不竊笑我爲他所料也。此雖大賢。亦甘受其侮而不悟。柰何。

人有詈人而人不答者。人必有所容也。不可以爲人之畏我而更求以辱之。爲之不已。人或起而我應。恐口噤而不能出言矣。人有訟人而人不校者。人必有所處也。不可以爲人之畏我而更求以攻之。爲之不已。人或出而我辨。恐理虧而不能逃罪矣。

親戚故舊。人情厚密之時。不可盡以密私之事語之。恐一旦失歡。則前日所言。皆他人所憑以爲爭訟之資。至有失歡之時。不可盡以切實之語加之。恐忿氣既平之後。或與之通好結親。則前言可愧。大抵忿怒之際。最不可指其隱諱之事而暴其父祖之惡。吾知一時怒氣所激。必欲指其切實而言之。不知彼之怨恨深入骨髓。古人謂傷人之言。深於矛戟是也。俗亦謂打人莫打臉。道人莫道實。

親戚故舊。因言語而失歡者。未必其言語之傷人。多是顏色辭氣暴厲。能激人之怒。且如諫人之短。語雖切直。而能溫顏下氣縱不見聽亦未必怒若平常言語無傷人處而辭色俱厲縱不見怒亦須懷疑古人謂怒於室者色於市方其有怒與他人言必不卑遜他人不知所自安得不怪故盛怒之際與人言語尤當自警前輩有言誡酒後語忌食後瞋忍難耐事順恃强人常能持此最得便宜

與人交游無問高下須常和易不可妄自尊大修飾邊幅若言行崖異則人豈復相近然又不可太褻狎樽酒會聚之際固當歌笑盡歡恐嘲譏中觸人忌諱則忿爭興焉

市井街巷茶坊酒肆皆小人雜處之地吾輩或有經由須當嚴重其辭貌則遠輕侮之患儻有譏議亦不必聽或有狂醉之

人宜即迴避不必與之較可也

居於鄉曲輿馬衣服不可鮮華蓋鄉曲親故居貧者多在我者揭然異衆貧者羞澀必不敢相近我亦何安之有此說不可與口尚乳臭者言

居官如居家必有顧藉居家當如居官必有綱紀士大夫之子弟苟無世祿可守無常產可依而欲爲仰事俯育之計莫如爲儒其才質之美能習進士業者上可以取科第致富貴次可以開門教授以受束脩之奉其不能習進士業者上可以事書札代牋簡之役次可以習點讀爲童蒙之師如不能爲儒則醫卜星相農圃商賈伎術凡可以養生而不至於辱先

者皆可爲也子弟之流蕩至於爲乞丐盜竊此最辱先之甚然世之不能爲儒者乃不肯爲醫卜星相農圃商賈伎術等事而甘心爲乞丐盜竊者深可誅也凡強顏於貴人之前而求其所謂應付折腰於富人之前而託名於假貸游食於寺觀而人指爲穿雲子皆乞丐之流也居官而掩蔽衆目盜財入己居鄉而欺凌愚弱奪其所有私販官中所禁茶鹽酒酤之屬皆竊盜之流也人有爲之而不自愧者何哉

居鄉及在旅不可輕受人之恩方吾未達之時受人之恩常在吾懷每見其人常懷敬畏而其人亦以有恩在我常有德色及吾榮達之後徧報則有所不及不報則爲虧義故雖一飯

一嫌亦不可輕受。前輩見人仕宦而廣求知己。戒之曰。受恩多則難以立朝。宜詳味此。

聖人言以直報怨。最是中道。可以通行。大抵以怨報怨。固不足道。而士大夫欲邀長厚之名者。或因宿讐。縱姦邪而不治。皆矯飾不近人情。聖人之所謂直者。其人賢。不以讐而廢之。其人不肖。不以讐而庇之。是非去取。各當其實。以此報怨。必不至遞相酬復無已時也。

貧富無定勢。田宅無定主。有錢則買。無錢則賣。買產之家。當知此理。不可苦害賣產之人。蓋人之賣產。或以闕食。或以負債。或以疾病死亡婚姻爭訟。已有百千之費。則鬻百千之產。若買產之家卽還其直雖轉手無留且可以了其出產欲用之一事而爲富不仁之人知其欲用之急則陽距而陰鉤之以重抑其價既成契則姑還其直之什一二約以數日而盡償至數日而問焉則辭以未辦又屢問之或以數緡授之或以米穀及他物高估而補償之出產之家必大窘乏所得零微隨卽耗散向之所擬以辦某事者不復辦矣而往還取索夫力之費又居其中彼富家方自竊喜以爲善謀不知天道好還有及其身而獲報者有不在其身而在其子孫者富家多不之悟豈不迷哉

與子師可

許　衡　字平仲號魯齋河內人元集賢大學士兼國子監祭酒封魏國公諡文正○按公從祀孔庭

小學四書吾敬信如神明自汝孩提便令講習望於此有得他書雖不治無憾也今殆十五年矣尚未成誦問其指意亦不曉知此吾所以深憂也高凝來聞汝肯自勉勵勝於前日我心甚喜未識其果然乎韓遵道今在此言論意趣多出小學四書其註語或問與先正格言誦之甚熟至累數萬言猶未竭此亦篤實自强故能爾我生平長處在信此數書其短處在虛聲牽制以有今日今日之勢可憂而不可恃也汝當繼我長處改我短處汝果能篤實果能自强我雖貴顯云云適足禍汝萬宜致思且專讀孟子孟子如泰山巖巖可以起人偷惰無恥之病也相

與輔導之

代李和叔與兄子

許衡

叔書付兄子天敏。吾先本名族。自兵亂以來。衰頹不振。諸子且孱弱。未見可以繼復先人之舊者。獨汝沈靜敏慧。度越諸子。我是以崎嶇宛轉。求託於王公文秉也。既從學。有稱於同輩。至慰所望。比年以親事隔遠。不得躬親勸督。殊使人動心。吾意汝之進學。不類於前日耶。則本質沈深。遽變於歲月之頃。吾意汝之進學。果類於前日也。則行人絡繹。了不聞勤苦之言。因念家業陵替。使汝婚娶之禮。不如宿昔之舊。可歎也。可愧也。至數年來。

吾以目疾失明凡曰交游曰故舊莫不傷悼矜憫有不遠百里而慰問者昔者子夏聖門之高弟其失明猶曰天乎天乎況我淺薄之資處憂患之餘能無動於中乎先人之業欲墜未墜望所以與復吾門者唯汝耳汝而肯學則吾李氏之後蔭其餘輝矣汝而不學則吾李氏之後爲工歟爲商歟爲牛童歟爲馬卒歟蓋有不忍論者此吾所以重傷隔別之遠而愈益失明之恨也吾先代皆以宦業名世原其所自蓋積於勤學學之於人其大矣乎父子之親君臣之義與夫夫婦長幼朋友亦莫不各有當然之則此人倫也苟無學問以明之則違遠人道與禽獸殆無小異以禽獸無異之材汲汲焉求處衆人之表吾見其謬悠

荒唐之言卒陷於自欺而後已也。吾衰且老。重以疾廢。平時所期於汝者。自是愈切。不知汝之處心。果如吾之處心乎。欲語所懷。竟未有便。庭除至近也。須扶引乃能出入。千里之遠。計會聚於何時。

## 鄭氏家範

鄭　濂　浦江人洪武時旌義門

卑幼不得抵抗尊長。其有出言不遜。制行悖戾者。姑誨之。誨之不悛者。則重箠之。

子孫不得目視非禮之書。其涉譴浪淫褻之語者。見即焚之。

子孫毋習吏胥。毋爲僧道。毋狎屠豎。以壞亂心術。當時時以仁義二字。銘心鏤骨。庶或有成。

子孫當以和待鄉曲。我甯容人。毋使人容我。切不可先操忍人之心。若累相淩偪。進進不已者。當以理直之。

或曰。既有子孫。當爲子孫計。人之情也。余曰。君子豈不爲子孫計。然其爲子孫計則有道矣。種德一也。家傳清白二也。使之從學而知義三也。授以資身之術。如才高者命之習舉業。取科第。才卑者命之以經營生理四也。家法整齊。上下和睦五也。爲擇良師友六也。爲娶淑婦七也。常存儉風八也。如此八者。豈非爲子孫計乎。循理而圖之。以有餘而遺之。則君子之爲子孫計。豈不久利而父子兩得哉。如孔子敎伯魚以詩禮。

漢儒教子一經。楊震之使人謂其後爲清白吏子孫。鄧禹十子。人各授之一業。龐德公云人皆遺之以危。我獨遺之以安。皆善爲子孫計者。又何歎焉。按此段出宋倪思子孫計

## 誡子書

薛瑄 字德溫河津人永樂進士官禮部侍郎兼學士入內閣謚文清。按公從祀孔庭

人之所以異於禽獸者。倫理而已。何謂倫。父子君臣夫婦長幼朋友五者之倫序是也。何謂理。卽父子有親。君臣有義。夫婦有別。長幼有序。朋友有信。五者之天理是也。於倫理明而且盡。始得稱爲人之名。苟倫理一失。雖具人之形。其實與禽獸何異哉。蓋禽獸所知者。不過渴飲飢食雌雄牝牡之欲而已。其於倫理。

則惷然無知也。故其於飲食雌雄牝牡之欲既足。則飛鳴躑躅。羣遊旅宿。一無所爲。若人但知飲食男女之欲。而不能盡父子君臣夫婦長幼朋友之倫理。卽煖衣飽食。終日嬉戲遊蕩。與禽獸無別矣。聖賢憂人之陷於禽獸也如此。其得位者則修道立敎。使天下後世之人皆盡此倫理。其不得位者則著書垂訓。亦欲天下後世之人皆盡此倫理。是則聖賢窮達雖異。而君師萬世之心則一而已。汝曹既得天地之理氣凝合。祖父之一氣流傳。生而爲人矣。其可不思所以盡其人道乎。欲盡人道。必當於聖賢修道之敎。垂世之典。若小學。若四書。若六經之類。誦讀之。講貫之。思索之。體認之。反求諸日用人倫之閒。聖賢所謂父子當親。吾則於父子求所以盡其親。聖賢所謂君臣當義。吾則於君臣求所以盡其義。聖賢所謂夫婦有別。吾則於夫婦求所以盡其別。聖賢所謂長幼有序。吾則於長幼思所以有其序。聖賢所謂朋友有信。吾則於朋友思所以有其信。於此五者。無一而不致其精微曲折之詳。則日用身心。自不外乎倫理。庶幾稱其人之品。得免流於禽獸之域矣。其或飽煖終日。無所用心。縱其耳目口鼻之欲。肆其四體百骸之安。耽嗜於非禮之聲色臭味。淪溺於非禮之私欲。晏安身雖有人之形。行實禽獸之行。仰貽天地凝形賦理之羞。俯爲祖父流傳一氣之玷。將何以自立於世哉。汝曹其勉之敬之。竭其心力。以全倫理。乃吾之至望也。

昨非菴日纂

鄭　瑄 里居無考正統時庶僚死土木之變明史附王佐傳

朱文公與卓夫人書云。聞尊意欲爲五哥經營幹官差遣。某竊謂不可。子弟生長富貴。本不知艱難。一旦仕宦。便謂是官。無不傲慢縱恣。觸事懵然。愚意營一稍在人下執事。喫人打罵差遣。乃所以成就之。

士子登庸。不繫世業。履道則爲衣冠。失緒則爲匹庶。來護兒兒作宰相。虞世南男作木匠。忠賢文武。固無種也。

房太尉。家無半嬖。崔樞夫人婦妾。不許時世妝。劉丞相摯家法儉素。閨門雍睦。凡冠巾衣服制度。自先世以來。常守一法。不隨時增損。故承平時。其子孫雜處士大夫間。望而知其為劉氏也。前輩治家如此。

溫公讀書堂。文史萬餘卷。朝夕披閱。雖數十年皆新。若手未觸者。嘗誡其子曰。賈豎藏貨貝。儒家惟此耳。當知寶惜。吾每歲初夏。視晴明日。卽設案向日。側羣書其上。以暴其腦。至啟卷。必先几案潔淨。藉以茵褥。然後端坐看之。或欲行看。卽承以方版。未嘗手汗沾漬。以觸其腦。每看竟一版。卽側右手大指面。襯其紙。而覆以次指面。撚而挾過。故得不至揉熟其紙。每見汝輩以指爪撮起。甚非吾意。浮圖老氏。猶知尊敬其書。吾儒反不如耶。汝曹念之。

大抵風俗壞時，自其子弟先做壞了。好尊卑卑，樂諂怒罷，放縱敗檢。甚者父兄只以聲色貨利、權欲威寵，激其讀書志意，而猶自以爲善教也。一朝得志，淩厲傲慢，能有極哉？善哉柳玭之誡子曰：門第高者，可畏不可恃也。知可畏而立身行己，增德惜福，得志則澤天下，不得志亦無愧家庭，鬼瞰之而無隙，帝臨之而有常矣。於以綦昌綦熾，何有哉。

## 戒族人書

羅　倫　字彝正，吉安永豐人，成化丙戌狀元，翰林院修撰，學者稱一峯先生

列位叔父，列位兄長，別後想得安康。倫別無他囑，爲人祖宗父兄者，唯願有好子弟。所謂有好子弟者，非好田宅、好衣服、好官

爵一時誇耀閭里者也謂有好名節與日月爭光與山岳爭重與胥壤爭久足以安國家足以風四方足以奠蒼生足以垂後世如汴宋之歐陽修如南渡之文丞相者是也若只求飽煖習勢利如前所云則所謂惡子弟非好子弟也此等子弟在家未仕也足以辱祖宗殃子孫害身家出而仕也足以汙朝廷禍天下負後世甚至子孫有不敢認如宋之蔡京秦檜此豈父兄祖宗之所願哉想其勢燄官爵富貴豈止如今日鄉里中一二前輩也而今日安在哉然所謂好子弟者亦在父兄子姪成就之耳人才之盛鄉黨爲最然非父兄敗之則子孫護之取識天下貽笑後世甚可惡也載之史書使後世之明君賢主輕棄南人

未必不由此也吾願叔父聽之子姪戒之共慫成我做天地間一箇完人蓋未有治國不由齊家家不齊而求治國無此理也何謂齊家不爭田地不占山林不尚爭鬭不肆强梁不敗鄉里不淩宗族不擾官府不尚奢侈弟讓其兄姪讓其叔婦敬其夫奴恭其主只要認得一忍字一讓字便齊得家也其要在子弟讀書與禮讓若不聽吾言譬如爭一畝田占一畝住基兩邊不讓或致人命或告官府或集親戚所損甚大若以此費置買前物所費幾倍若曰住基無賣此又愚也其所以爲此計者不過遺自己之子孫父母之心愛子孫一也今奪吾父母之子以與自己之子甚非吾父母之心也父母雖不在逆其心則逆天理

矣安知吾子孫不如今日之爭哉凡事皆此類也而此事尤切故特言之今後若有田地等物不明只許自家明白不許擾及官府我若不仕尤當守此言也其餘取債之屬民甚貧窮可憫自己少用一分便積得一分德奴僕放横不可放起自今以後無片言隻字經動府縣方好不然外人指議此人要做好人不能齊家世間安有此等好人哉由此得禍不可知也兼我在此國事日在心懷仲淹做秀才時便以天下爲己任況今日乎進退得失有義有命吾心視之已如孤雲野鶴脫灑無繫自古壞事皆是愛官職底人弄得狼狽了脫使根本不安枝葉能自保乎戒之戒之若使我以區區官勢來齊家不以禮義相告便成

下等人了但中間有等無知子弟與不才奴僕弄出事來則須治之以官耳叔父須戒之慎勿以吾言為迂也

示師言

馬中錫 字天祿故城人成化乙未進士歷官左都御史掌院

費繡衣去寄汝衣服舊吏陳林去寄汝通鑑綱目俱未審到否汝遊學一年課業無一字寄歸恐近虛度視唐人秋卷呈親者何如文學已是末事舉業又其末者務此末學尚不能持以悅親本將如之何俗學事口耳不事身心其所由來遠矣以是語汝必以為迂然學者終身受用恐在此而不在彼也取晦菴小學詩閱之庶幾有得或於學古入官兩有所資綱目一書經筵

勸講則涵浴道若徒以爲記誦典故之資則上蔡初見伊川又已取玩物喪志之譏吾兒審之夫爲學之道有本有末有後有先願吾兒爲有本之君子不願吾兒爲無行之文人愼之勉之吾言不再又汝素安豢養氣習驕惰接人之頃坐易欠伸立易跛倚不知近來何似須痛自以禮檢束使肌膚筋骸日益就固則威儀自著人必起敬及凡語言必要安詳暢達於古人所謂修辭所謂擇言者一一究心然後與人接談不至囁嚅而懦粗鄙而慝人亦惡得狎而侮之此二事修身切務輒復言之努力努力焚膏繼晷汝自知勉不汝瀆也

又

近時公卿之子。鮮有不敗家辱親者。葢由安於豢養。不知稼穡之艱難。習於驕恣。不遵禮義之軌度故爾。至登科第作美官。亦有愈肆放縱。卒致喪其名檢。隕其家聲。貽笑於世。反不如白身人貧家子。猶有一節一行之可觀也。此時法禁嚴峻。入京應試時。須謹慎韜晦。不令人知爲某人之子。甚善。凡衣服之華麗。飲食之豐腆。交遊之輕佻。言語之誇誕。皆足賈禍招尤。要當深警而痛絕之。以紓吾憂。不爲吾累。可也。聽之戒之。毋怠毋忽。

贛州書示四姪正思等

王守仁 字伯安餘姚人宏治丙戌進士以僉都御史撫南贛因擒甯濠功拜南京兵部尚書封新建伯謚文成○按公從祀孔庭

近聞爾曹學業有進有司考校獲居前列吾聞之喜而不寐此是家門好消息繼吾書香者在爾輩矣勉之勉之吾非徒望爾輩但取青紫榮身肥家如世俗所尚以誇市井小兒爾輩須以仁禮存心以孝弟爲本以聖賢自期務在光前裕後斯可矣吾惟幼而失學無行無師友之助迨今中年未有所成爾輩當鑒吾既往及時勉力毋又自貽他日之悔如吾今日也習俗移人如油漬麪雖賢者不免況爾曹初學小子能無溺乎然惟痛懲深創乃爲善變昔人云脫去凡近以遊高明此言最足以警小子識之吾嘗有立志說與爾十叔爾輩可從鈔錄一通置之几閒時一省覽亦足以發方雖傳於庸醫藥可療夫眞病爾曹勿

謂爾伯父只尋常人爾其言未必足法又勿謂其言雖似有理亦只是一場迂闊之談非我輩急務苟如是吾末如之何矣讀書講學此最吾所宿好今雖干戈擾攘中四方有來學者吾亦未嘗拒之所恨牢落塵網未能脫身而歸今幸盜賊稍平以塞責求退歸臥林間攜爾曹朝夕切磋砥礪吾何樂如之偶便先示爾等爾等勉焉毋虛吾望正德丁丑四月三十日

客座私祝

王守仁

但願溫恭直諒之友來此講學論道示以孝友謙和之行德業相勸過失相規以教訓我子弟使毋陷於非僻不願狂躁惰慢

之徒來此博弈飲酒長傲飾非導以驕奢淫蕩之事誘以貪財黷貨之謀冥頑無恥扇惑鼓動以益我子弟之不肖嗚呼由前之說是謂良士由後之說是謂凶人我子弟苟遠良士而近凶人是謂逆子戒之戒之嘉靖丁亥八月將有兩廣之行書此以戒我子弟幷以告夫士友之辱臨於斯者請一覽教之

還鄉事略付宓

張　岳 字維喬惠安人由正德進士歷主客郎中後進右副都御史

一汝今方離吾側接應人事之始凡事須小心收斂雖童僕下人待之亦宜有禮嗷喝倨肆俱損德器切宜戒之

一吾已移文各衙門不令相見有來請見者先差人固辭

一凡哨守巡捕巡司驛遞等官來迎送者。千戶縣佐以上辭之勿見。餘官平揖相接。皆必衣巾。若行跪拜者。必避其迎送人役。至交界遣回。

一舟次宜畏謹。舟行不可輒出船觀覽。日下山。則畢晚飯。毋得熱燭。坐立俱勿當風。常於有障版處坐立。以防不虞。

一兩廣春月。江水驟漲。流出山谷中穢惡。食之亦能傷人。凡江水須用綠豆澄過。煮熱。方可食。茶湯生冷之物。俱宜酌量。

一入漳州境。卽爲父母之邦。尤宜謙謹。若夫馬一時應付不前。須忍耐從容催攢。不可聽信下人。妄拏夫頭等役。使下人乘機作威。以招怨謗。

一至漳州謁梁岡公同安謁次厓公同安葉崗山大拜萍鄉公同年也素相厚亦宜謁之俱隅坐四拜請納拜若不從拜畢致辭曰反勞尊長若崗山年高不便拜起辭拜則聽命凡泉中前輩皆依此禮

一汝自幼未嘗至泉今雖還鄉人情習尚事事未諳宜一切簡靜毋泛交毋多言毋聞閒事家事之外一毫莫理親朋拜望者以禮接之談及閒事則敬辭云有父母叔在不敢聞命

一城中屋宇窄小家私不備最宜耐冷安受不可萌嫌惡之心若有此心輾轉生出百病戒之戒之

一宗族親戚在尊行者入前稱呼宜以行輩如曰某房第幾伯

叔兄某處某親不可呼字以長傲慢其自稱於祖父行曰小孫父行曰小姪兄行曰小弟鄉先生前輩曰小生其餘俱如常稱

大約禮節要謙厚言語要安詳接人要款曲深以膏粱之氣爲戒痛自洗刮守吾家儒素寒儉之風然後爲人有進步也

垂涕衷言

沈　鯉字化龍一字仲化號龍江河南歸德人嘉靖進士官至大學士謚文端著有南宮草綸扉草

吾家子弟二十年前尚不能皆有衣冠皆稱饒裕而近年來乃人人有冠服榮身有良田美宅資財足用出門有車馬僕從從者至彼此不能相識可謂極盛雖諸子能自運用豈不亦祖宗

積仁累善。餘慶所貽。乎顧極盛難繼。持滿易傾。天道乘除。數有一定。而作善降祥。作惡降殃。人事感召。理尤不爽。故善享福者。不必更得隴望蜀。營營無厭。只宜效履薄臨深。兢兢自保。其尙須以手捫心。默自思念。吾昔茅茨。而今大廈。吾昔僅一夫之田。而今連數井之壤。吾昔猶奔走衣食。而今則安享富厚。吾分已踰。吾又何求。吾自今惟知止知足。守理守法。以上培先德。下啟後人。卽神祐可延。家聲不墜。斯以退爲進。以少致多之妙術也。若猶復貪得未已。競進不休。居已侈而猶恢。田已多而務廣。强之鬻。不出其本心。與之値。不合乎公道。或偪債以傾人之產。或牽牛以蹊人之田。或縱牙爪於通衢。或逞報復於私忿。我漁利。

下人亦乘機以竊利我行惡下人皆借勢以助惡乃遂使孤獨鰥寡飲恨吞聲道路里鄰旁觀側目顧猶且揚揚得意自謂豪强兀兀勞心自矜謀略夫豈知神鑒無爽法網不疏巷議在前吏議隨後惡名一潰欲洗難除眾指交加不摧自仆當斯之際悖入者不免悖出多藏者亦復厚亡室雖廣而不得甯居田雖多而不能安享身既窘迫尤累及妻孥名已僇辱復玷及祖父欲益反損欲進反卻得乎失乎利乎害乎覆轍在途殷鑒不遠雖至愚人知為左計矣獨柰何惡溼而居下安危而利菑耶吾懷此數年久欲相告祇緣昔忝仕途竊意族眾妄相忖度必謂吾愛護功名恐貽連累故為此激切議論使自矜持且將不信

不從徒以自嗟自歎今年已七旬更有何意老來一得豈是空談惟骨肉關情宗祊繫念恐誤及於陷阱因明示以周行而苦口發藥逆耳進規有如此者夫杞人卽過計何妨越人相坐視則忍矣孟子曰其兄關弓而射之則己垂涕泣而道之無他戚之也知我者惟斯過我者亦惟斯

## 睦族善俗說

曹于汴 字自梁又字貞予平陽安邑人明進士官至吏部左侍郎

昨張生以睦族善俗爲問俱切問也夫鄉黨與我日相親近家人尤爲骨肉至戚也此何難於睦且善者今之不睦於族不善於俗者特以見人不是不見己不是耳己有小善則德色而人

之厚恩或掩於小眚人有小失則切齒而已之大過則飾以偏見此之謂不平我不平而人豈能平之所以家鄉之間多成瞋恨職此故也昔有仕者其兄落魄日喧競周之數十金仍不悛彼乃咎其兄里人亦咎其兄而直其弟然予以爲非其兄之尤也胡不以其富與兄共而朝夕敬事之如其兄猶不悛乃始可直其弟耳又有厚價以拓其產者其鄰欲售之者輒再倍其直於是售之者若不及而彼猶恐非其人之願也則詳慰而後成易然其鄰猶有與之爭鬭者人皆咎其鄰而直其人然予以爲非其鄰之尤也胡不以其富周其鄰人相聚相愛如其鄰猶相忤乃始可咎其鄰耳由斯以推施人者雖厚必忘施於人者雖

薄勿忘也。忤於人者。雖大勿校。忤人者。雖小必咎也。故主人勿咎盜。咎我之致盜。況其他乎。故曰天下國家無皆非之理。聖賢不怨不尤。惟反己自修而已。故在邦無怨。在家無怨。和氣在宇宙間。無瞋恨也。不見不是在人也。

曹于汴

# 課子隨筆鈔卷二

儀封張又渠先生輯

河內夏錫疇鈔錄

## 何氏家規

何　倫　里居未詳天性至孝居喪哀毀踰禮忌日涕泣如初喪見賈氏言行集要

### 孝親敬長之規

一今之人以能養爲孝者何葢緣不顧父母而私妻子倒行逆施者衆彼善於此故與之耳殊不知孝之道豈養之一事所能盡哉要有深愛婉容而承顏順志尊敬謹畏而惟命是從稍有斯須欺慢違忤或傷敎敗禮取辱貽憂雖日用三牲

之養猶爲不孝也藍田呂氏曰孝莫大乎順親司馬温公曰吾事親無以踰於人能不欺而已矣其事君亦然

一人家子弟有父母兄長慈愛又得教以詩書授以生業而能顯親揚名以盡孝敬之道者乃常分耳烏足言要在困苦艱難流離顛沛之際竭力盡心周全委曲消患弭變特力獨行而不失其度者方爲孝敬

隆師親友之規

一凡家素清約自奉宜薄然待師友則不當薄也切不可因己無成而不教子又不可以家事匱乏而不從師務要益加勉勵則所聞者堯舜周孔之道所見者忠信敬讓之行漸摩

既久身日進於仁義而不自知也若爲利欲所蔽違棄師友則與不善人處所聞所見無非欺誣詐僞汙漫邪淫之事身日陷於刑戮而亦不自知也言之痛心各宜自省

一君子以交會友以友輔仁必須趨向正當切磋琢磨有益於己者始可日相親與若乃邪僻卑污與夫柔佞不情拍肩執袂相誘爲非者愼勿與之交接

一學問之功與賢於己者處常自以爲不足則日益與不如己者處常自以爲有餘則日損故取友不可以不謹也惟謙虛者能得之

待人接物之規

一凡與賓客及尊長卑幼君子小人相接儀節固有不同處不外乎敬而已矣若待尊長必須言温而貌恭情親而意洽尊長或不我愛益加敬謹可也待卑幼又在自敬其身苟能尊嚴正大肅矩整規則爲卑幼者修飾畏慎之不暇孰得而上犯之耶一或瑣碎褻狎便無忌憚矣待君子之敬根於心百凡相見往來交際之禮俱宜從厚其敬始伸稍薄則爲慢矣待小人則不然外若敬而內則疎包容退讓甯受虧一分使之自滿自愧於我亦無所損若與之爭競較量一旦棄絕或發其陰私斥其過惡彼必終身懷忿不至中傷而不止耳此乃一生所驗之良方以爲後人應世之藥石

一凡客至家長或宗子出迎久不相見者則拜或留飯家長宗子奉陪如係子弟中之舊師友新姻眷止是此子弟同陪其餘不必見也留飯之意既得盡話又得盡歡且能盡敬況路遙者不使受餒而還饌貴快便精潔不貴多品庶親近敎益常可往來若一豐厚後來難繼也

鞠育敎養之規

一古有胎敎凡婦人妊子寢不側坐不邊立不跛不食邪味割不正不食席不正不坐目不視邪色耳不聽淫聲此道也今之婦人烏得而知之夫當預與之言

一凡產子須是爲母者自哺不可委之乳母吾嘗見人家用

乳母者。僱直服食。稍不如願。反令其子寒煖失時。飢飽無節。或跌撲驚傷。隱蔽不言。致疾莫知所自。且乳母中端潔者寡。常生意外之虞。不可不謹。

一子女初生。三朝滿月。慎勿置酒張筵。多害生命。惟齋沐更衣。具酒果抱子告於祠堂。其世俗催生送羹之禮。靡費無益。槩宜謝絶。

一古禮名子。不以日月。不以國。不以隱疾。不以山川。亦不可與古先聖賢同名。但只名以理學之字。使之顧名思義可也。

讀書寫字之規。

一欲知子弟讀書之成否。不必觀其氣質。亦不必觀其才華。

先要觀其敬與不敬。則一生之事業。槩可見矣。凡開蒙之後。能漸漸收斂。一惟師敎之是從。親言之是聽。敬重經書。愛惜紙筆。潔淨几案。整肅身心。開卷如親對聖賢。熟讀精思。沈潛玩索。反來就自己身上體認。眠存夢繹。念念不忘。如嬰兒之戀慈母。飢渴之慕飮食。無一刻之敢離。無一時之敢怠。但遇緊要辭語。留意佩服。卽思此一句可以用在某處。我當謹守力行。此一句正中我之病根。我當卽爲拔去。不使蔓延滋長。如此爲學。雖愚必明。縱不能盡忠於朝廷。亦可以盡孝於父母。縱不能建功業於天下。亦可以自善乎一身。若乃不壯不敬。鹵莽。忽略。未學先能。未講先厭。或講讀之際。目視他所。手弄他物。心想他事。於書。讀其前則汙其後。讀其後則毀其前。或自恃聰明。不肯用力。或專務外馳。不肯內究。如此爲學。自首無成。雖成必敗。居官則壞國家之事。處己則無保身之謀。所以古之聖賢教人。先在灑掃應對時著力。引誘提撕。惓惓以持敬爲本。

一讀書以百徧爲度。務要反覆熟嚼。方始味出。使其言皆若出於吾之口。使其意皆若出於吾之心。融會貫通。然後爲得。如未精熟。再加百徧可也。仍要時時溫習。若工夫未到。先自背誦。含糊強記。終是認字不眞。見理不透。徒做精神。無益學問。

一學問之功全在講貫而講書之要必須講後自己細看著意研窮潛思默究逐句紬繹逐章理會方纔得其旨趣略有疑惑即爲質問不可草草揭過俟一本通貫後仍聽先生捎其難者而挑問之或不能答即又思之思之不通然後復講眞境一開如得時雨之化後來作文隨意運用信手發揮自然成章再無窒礙若泛泛而講泛泛而聽原不留心佩記徒費脣舌不入肺腑今日講過明日忘之此章未達又講別章今年未明復待來歲雖講至百年誠何益也

一凡寫字務在莊重端楷有骨格有鋒鋩有稜角不得潦草歪邪微眇軟弱古人云用筆在心心正則筆正矣吾以爲用

筆固在心正。又在手活。手活則筆勢奇妙。如走龍蛇。否則若膠柱鼓瑟。而剔畫不開也。是以小兒初學字時。先要教其執筆圓活。如寫小字。止令手指運筆。而手腕不動也。若小時失教。大來難轉者。令學草書。庶幾可改。鈔書認字真切。則無魯魚亥豕之弊。既要快捷。又要不差。此乃日用常行第一急切之務。況考試之日。苟或字之不佳。塗註粗拙。縱是錦繡文章。亦不動觀覽矣。豈可謂字不緊要而不習也。

出處進退之規。

一人生天地間。智愚賢不肖固有不齊。或出或處。或進或退。要當皆以古人爲鑑。斯無咎矣。昔伊尹傅說呂望孔明之處也。一耕於有莘之野。一傭於版築之間。一垂釣渭濱。一高臥南陽。此四公者。不出則寥寥無聞。一出則立業建功。以安天下。向非天子夢卜求而用之。終於農工漁隱之流而已。何嘗急急自出。抑何嘗以農工漁隱之事爲卑鄙而不爲也。今人知出而不知處。知進而不知退。凡讀書不遂。卽鄙農工商賈之事而不屑爲。所以有濟世之才。而無資生之策者多矣。如張齊賢以布衣而條當世之務。藝祖留之以相太宗。范仲淹以秀才而懷天下之憂。君子稱之爲分內事。今初學之士。就欲妄事希覬干求。豈二公之儔耶。又留侯疏廣功成身退。知止知足。成萬世之美名。今之既明且哲以保其身者幾人。吾

人能知此四事於所行所止之間審己量時見幾而作則庶幾免夫失身之患

節義勤儉之規

一節義之人乃天地正氣所鍾光祖宗榮親族莫大乎是後世但有男子仗義而窮婦人守節而苦不能自存者豈可不爲之慮而使之失所耶合族俱當議處資給以成其美不得輕慢靳嗇

一勤儉爲成家之本男婦各有所司男子要以治生爲急於農商工賈之間務執一業精其器具薄其利心爲長久之計逐日所用亦宜節省量入而出以適其宜愼勿侈靡驕奢博

弈飲酒宴安懶惰若人心一懶百骸俱怠日就荒淫而萬事廢矣婦人夙興夜寐黽勉同心執麻枲治絲繭織紝組紃以供衣服不事浮華惟甘雅潔凡有重務弟兄妯娌分任其勞主婦日至廚房料理檢點但有童僕撒潑五穀穢污作踐暴殄天物者量加懲戒至晚扃鎖門戶貯水徙薪逐處照管仍諭各房不許烘焙衣物內外謹嚴俱無怠忽其上下衣食分給有等男女多者傳遞惟均不得各分彼此嫁娶資妝亦從簡便如此則衣食常盈而先業不墜矣

## 飲食服御之規

一飲食服御乃民生日用之不可缺者近來僭侈無節風俗

日漓盜起民窮多由於此豈草茅之說所能挽回故歷來古先聖賢之言爲此標準吾人當佩服以成恬澹樸雅之風

一古人飲食每種各出少許置之豆閒之地以祭先代始爲飲食之人不忘本也

一爲人子者父母存冠衣不純素孤子當室冠衣不純采

一或問朱子曰飲食閒孰爲天理孰爲人欲曰飲食者天理也要求美味人欲也

一君子愼言語節飲食二者養德養身之切要

一有道之士粗衰索帶而人不鄙之者取其內而不取其外也

一司馬温公曰吾平生衣取蔽寒食取充腹亦不敢服垢敝以矯俗干名但順吾性而已矣又曰吾家待客會數而禮勤物薄而情厚

一古人事親有以酒肉養志者有以菽水承歡者均不失為大孝

一茅容待客以草蔬與之同飯殺雞為饌以供母客知之起拜而稱賢

一范文正公雖貴非賓客不重肉妻子衣食僅能自充而惟好施予晏平仲敝車羸馬而惠及三族

一范益謙曰凡喫飲食不可揀擇去取

一汪信民曰人常咬得菜根則百事可做朱子曰今人不能咬菜根而至於違其本心者衆矣可不戒哉

一柳公綽凡遇饑歲諸子皆蔬食學業未成者不聽食肉弟見兄未嘗不束帶夫人常衣絹素不用綾羅錦繡每歸覲不乘金碧輿祇乘竹兜子常命粉苦參黃連熊膽和爲丸賜諸子每永夜習學含之以資勤苦所以在公卿間最名有家法

一君子以禮義養心則心廣體胖若恣食肥甘則神昏氣潰婦女以布禦寒則堅苦其志以香薰羅綺則淫蕩其心

量度權衡之規

一人家之斗尺戥秤皆所以量多少度長短稱物平施而權

輕重者也。此固外物也。其實繫乎人之一心。心正而公。則制之惟準。用之惟平。使貿易輸斂之間。兩無虧累。卽爲天理矣。若以私刻存心。專圖利己。買人之物。則用小戥大秤。賣物與人。則用小秤大戥。或借人米穀。原以大斗量入。而以小斗償還。取息於人。則以小斗放出。以大斗收囘。卽此就爲人欲。殊不知輕重大小之閒。所增幾何。而所損大矣。蓋幽暗之中。鬼神在焉。人可欺而心不可欺。心可欺而天不可欺。吾人爲學。欲辨理欲而下克己工夫者。先從此處用力。最爲親切。

撐持門戶之規

一大丈夫尚欲勠力王室。而自家門戶。豈可不爲撐持。而忍坐視其黴乎益人家之興者豈得常興而廢者亦豈常廢興而不撐持即廢矣廢而能撐持何患不興乎興廢固由於天而撐持之力實在於人人能知得此意克勤克儉凡有廢墜一一修舉或遇戶役世務之來宗子總其大綱支庶同力共濟協力幫扶以保宗祀切不可推延畏縮竊議旁觀以致脣亡齒寒委靡不振而反取人欺笑雖然此其大略也若夫光顯之則在經與書矣

保守身家之規

一保守身家之道無他焉第一不可姦騙人家妻女第二不可賭博宿娼第三不可拖欠包攬謀領侵欺錢糧第四不可

煉藥燒丹。擭竊騙詐。第五不可强横健訟。鬭很逞兇。及扛幫教唆。生事害人。第六不可交接無藉之徒。花哄遊蕩。不務本等生理。及縱容尼姑賣婆。於內室往來。第七不可傲人慢物。好勝誇能。逆理亂倫。驕奢淫佚。第八不可爲貪心所使。專行嶮險之途。吾人能依得此誡。每日戰戰兢兢。循規蹈矩而行。則上不玷祖宗。辱父母。下不累妻子。害親鄰。明無人非。幽無鬼責。一家安樂。爲何如哉。

## 晉江李文節公家訓

李廷機 號九我福建晉江人萬厤中會試第一官至大學士謚文節

余平生不喫齋。每早鹽菜送粥。匪特脾胃清虛。費用省約。亦以省中饋一飡之勞耳。午用葷一二味。晚用酒六七杯。酒但沽而不釀。留客不請客。客至。以常飯待之。晨不葷。午不酒。不爲客變遷也。余久行此。客無怪焉。至子孫守而不失。但曰無改於父之道可也。作人不要自足。作家須要知足。子孫自觀家運。勿謂清澹之後必貧。勿謂清澹之後必興。但兒曹眼前衣食僅給而止。子則付之子。孫則付之孫。蓋不必管。亦不能管。如看得破。則貧得無厭之念息矣。余觀中人衣食僅給。日周旋往來於親朋之間。以耗其財。至於貧乏。不免稱貸求借於人。君子憐之。俗人笑之。間有力能自守。不襲時套。待親友情眞而禮澹。君子信之。俗人怪之。余謂甯令人怪。毋令人笑。家有一簪一珥。一羅一絹。盡化爲田。弗謂好華麗而留之。凡處家惟米爲急。有田則錢糧亦急。家事給而國用供。自可以俯仰天人無愧。雖有分外事。吾不爲慮也。張憲武曰。後生不學。亦聞昌黎先生有此日足可惜之篇乎。余因爲十可惜之說。以告之。古人貧不自給。有帶經而鋤者。有負薪拾柴而讀書者。今之人飽食煖衣。自暇自逸。一可惜也。古人不遠千里負笈從師。今人有賢父兄教之而不從。或里巷有賢師友。不知親近。二可惜也。古人手自鈔寫。夜以繼日。嘗苦無師。今人有現成印本。藏之萬卷。堆案盈几。不知誦讀。三可惜也。古人三年誦一經。三十而五經皆畢。自少惟以讀書爲能今當少壯。有書不讀。日月逝矣。四可惜也。古人聚螢映雪讀書。

今人當簡編可卷舒之時有燈火之可親而遊蕩無忌博弈是
娛五可惜也人之生有不見日月者有不聞雷霆者今後生耳
聰目明又各稟智慧之質不知讀書則趨向之不知禮義之不
講殆將與聾者瞽者等六可惜也人有身則有丁有丁則有役
今後生或有賢父兄代其勞或承閥閱之舊無丁役之籍而有
書不讀將與閭閻畎畝之人等七可惜也人患無家世之舊不
聞詩禮之言故或為農圃或為工商今人生於儒家少襲箕裘
之緒而有書不讀使祖父之業至此而墜八可惜也人患藏修
無所今有上庠有鄉校可以從師然巍冠博帶務悅紛華名曰
士人其實一經不通一辭莫措有玷於先聖先師九可惜也人

有君臣父子之大倫忠孝仁義之大節今後生不學習非勝是則大倫大節俱埽地矣揚雄曰人而不學雖無憂慮如禽獸何十可惜也

諭應尾應箕兩兒

楊繼盛字椒山容城人擢武選司員外郎疏論嚴嵩逮詔獄死後諡忠愍

人須要立志初時立志爲君子後來多有變爲小人的若初時不先立下一箇定志則中無定向便無所不爲便爲天下之小人衆人皆賤惡爾爾發憤立志要做箇君子則不拘做官不做官人人都敬重爾故我要爾第一先立起志氣來

心爲人一身之主如樹之根如果之蒂最不可先壞了心心裏

若是存天理。存公道。則行出來便都是好事。便是君子這邊的人。心裏若存的是人欲。是私意。雖欲行好事。也有始無終。雖欲外面做好人。也被人看破爾。如根衰則樹枯。蒂壞則果落。故我要爾休把心壞了。

心以思為職。或獨坐時。或夜深時。念頭一起。則自思曰。這是好念。是惡念。若是好念。便擴充起來。必見之行。若是惡念。便禁止勿思。方行一事。則思之。以為此事合天理。不合天理。若是不合天理。便止而無行。若是合天理。便行。不可為分毫違心害理之事。則上天必保護爾。鬼神必加佑爾。否則天地鬼神必不容爾。爾讀書若中舉中進士。思我之苦。不做官也是苦

是做官必須正直忠厚赤心隨分報國固不可效我之狂愚亦不可因我爲忠受禍遂改心易行懈了爲善之志惹人父賢子不肖之笑

我若不在爾母是箇最正直不偏心的人爾兩箇要孝順他凡事依他不可說爾母向那箇兒子不向那箇兒子向那箇媳婦不向那箇媳婦要著他生一些兒氣便是不孝不但天誅爾我在九泉之下也擺布爾

爾兩箇是同胞的弟兄當和好到老不可各積私財致起爭端不可因言語差錯小事差池便面紅面赤應箕性暴些應尾自幼曉得他性兒的看我面皮若有些衝撞擔待他罷應箕

敬爾哥哥要十分小心合敬我一般的敬纔是若爾哥哥計較爾些兒爾便自家跪拜與他陪禮他若十分惱不解爾便央及爾哥相好的朋友勸他不可他惱了爾就不讓他

應尾媳婦是儒家女應箕媳婦是宦家女此最難處應尾要教導爾媳婦愛弟妻如親妹不可因他是官宦人家女便氣不過生猜忌之心應箕要教導爾媳婦敬嫂嫂如親姊衣服首飾休穿戴十分好的爾嫂嫂見了口雖不言心裏便有幾分不耐煩嫌隙自此生矣四季衣服每遇出入妯娌兩箇是一樣的兄弟兩箇也是一樣的每喫飯爾兩箇同爾母一處喫兩箇媳婦一處喫不可各人合各人媳婦自己房裏喫久則

就生惡了

爾兩箇不拘有天來大惱要私下請眾親戚講和切記不可告之於官要是一人先告後告者把這手卷送之於官先告者即是不孝官府必重治他央及爾兩箇好歹與我長些志氣再預告問官老先生若見此卷幸憐我苦情教我二子再三勸誘使爭而復和則我九泉之下必有啣結之報

爾堂兄燕雄燕豪燕傑燕賢都是知好歹的人雖在我身上冷淡卻不干他事俗語云好時是他人惡時是家人爾兩箇要敬他讓他祖產分有未均處他若是愛便宜也讓他罷切記休要爭競

爾兩箇年幼恐油滑人見了便要哄誘爾或請爾喫飯或誘爾
賭博或以心愛之物送爾或以美色誘爾一入他圈套便喫
他虧不惟蕩盡家業且弄爾成不的人若是有這樣人哄爾
便想我的話來識破他合爾好是不好的意思便遠了他揀
著老成忠厚肯讀書肯學好的人爾就與他肝膽相交語言
必信逐日與他相處爾自然成箇好人不入下流也
讀書見一件好事則便思量我將來必定要行見一件不好的
事則便思量我將來必定要戒見一箇好人則思量我將來
必要與他一般見一箇不好的人則思量我將來切休要學
他則心地自然光明正大行事自然不會苟且便爲天下第

一等人矣

居家之要第一要內外界限嚴謹女子十歲以上不可使出中門男子十歲以上不可使入中門外面婦人雖至親不可使其常來行走一以防其談是非致一家不和一以防其爲姦盜之媒也只照依我行便是院牆要極高上面必以棘針緣的周密少有缺壞務要追究來歷如夏間霖雨院牆倒塌必即時修起如雨天不便亦即時加上寨籬不可遲延日月庶止姦盜之原酒肉麪果油鹽醬菜必總收一庫房五穀糧食必總收一倉房當家之人掌其鎖鑰家人不得偷盜衣服要樸素房屋休高大飲食使用要儉約休要見人家穿好衣服

便要做住好房屋便要蓋使好家活便要買此致窮之道也若用度稍有不足便算計可賣多少即賣田產補完切記不可揭債若揭債則日月行利累的債深窮的便快戒之戒之田地四頃有餘穀你兩箇種了不可貪心見好田土又買益地多則門必高糧差必多恐至負累受縣官之氣也

與人相處之道第一要謙下誠實同幹事則勿避勞苦同飲食則勿貪甘美同行路則勿擇好路同睡寢則勿占牀席甯讓人勿使人讓我甯容人勿使人容我甯喫人虧勿使人喫我之虧甯受人氣勿使人受我之氣人有恩於我則終身不忘人有讐於我則即時丟過見人之善則對人稱揚不已聞人

之過則絕口不對人言人有向爾說某人感爾之恩則云他有恩於我我無恩於他則感恩者聞之其感益深有人向爾說某人惱爾謗爾則云彼與我平日最相好豈有惱我謗我之理則惱我者聞之其怨卽解人之勝似爾則敬重之不可有傲忌之心人之不如爾則謙待之不可有輕賤之意又與人相交久而益密則行之邦家可無怨矣

我家係詩禮士夫之家冠婚喪祭必照家禮行爾若不知當問之於人不可隨俗苟且庶子孫有所觀法爾姐是爾同胞的人他日後若富貴便罷若是窮爾兩箇要老實供給照顧他爾娘要與他東西爾兩箇休要違阻若是有些違阻不但失

兄弟之情且使爾娘生氣又爲不友又爲不孝記之記之覆奏本已上恐本下急倉卒之間燈下寫此殊欠倫序然居家做人之道盡在是矣挐去爾娘看後做一箇布袋裝盛放在我靈前棹上每月初一十五合家大小靈前拜祭了把這手卷從頭至尾念一徧合家聽著雖有緊事也休廢了

九兒入學面語誡之

呂　坤字叔簡河南甯陵人萬厤甲戌進士官至刑部左侍郎○按公從祀孔庭

常言道三箇性兒不要惹他曰太監性兒閨女性兒秀才性兒太監吾無論已閨女慣於慈母養其多淚常顰之態以自喪其身於舅姑夫子之家嬌癡取敗吾亦無論也惟是秀才修格致

誠正之身。任天下國家之重。上天下地。塡一我爲三才。往古來今。貫千聖爲一脈。處則使四海望其大行。出則使萬物各得所願。而使人比性氣於太監閹女之流。畏之讓之。榮乎辱乎。吾深爲秀才悲焉。而今一領藍衫上身。便自眼大心雄。胸高氣粗。可憐可憐。宋儒有云。唐虞揖讓三盃酒。湯武征誅一局棋。古人多大事業。等於鴻毛。乃今若箇前程。作此態度。由君子觀之。媿汗透重裘矣。夫傲爲凶德。狂是小人象。至不仁。總說箇傲。象丹朱不肖。一身罪過。總說箇丹朱傲。舜蹠人品天淵。只分聖狂兩字。風之大者曰狂。而今把這箇模擬。作了清高曠達。互相崇高。不幾於喪心迷性乎。爾看千聖萬賢立身。只說箇敬而無失。恭而有禮。孔孟是兩箇好秀才。孔子恂恂如也。似不能言。孟子橫逆三加。只憑仁禮。狂乎傲乎。性兒只學孔孟。便是我們秀才家樣子。更有喫緊話說。孝弟忠信。禮義廉恥。此八行者。望汝努力。怠惰荒甯。放僻邪侈。此八字者。望汝深戒。不然。縱中三元。官一品那值得一文錢。我言直中膏肓。爾其勒諸心骨。

## 孝睦房訓辭

呂坤

傳家兩字。曰讀與耕。興家兩字。曰勤與儉。安家兩字。曰讓與忍。防家兩字。曰盜與奸。亡家兩字。曰淫與暴。休存猜忌之心。休聽離間之言。休作生分之事。休專公共之利。喫緊在各求盡分。切要在潛消未形。子孫不患少而患不才。產業不患貧而患難守。門戶不患衰而患無志。交遊不患寡而患從邪。不肖子孫。眼底無幾句詩書。胸中無一段道理。神昏如醉。體懈如癱。意縱如狂。行卑如丐。敗祖宗成業。辱父母家聲。是人也。鄉黨爲之羞。妻子爲之泣。豈可入吾祠葬吾塋乎。戒石具在。朝夕誦思。

## 訓子言

袁　黃　字了凡浙江嘉善人萬歷丙戌進士官寶坻知縣

禍福自己求之者。乃聖賢之言。若謂禍福乃天所命。則世俗之論矣。汝之命未知若何。卽命當顯榮。常作落寞想。當順利。常作拂逆想。卽現前頗足食。常作貧窶想。卽學問頗優。常作淺陋想。

遠思揚祖宗之德。近思蓋父之愆。上思報國之恩。下思積家之福。外思濟人之急。內思閑己之邪。日日知非。日日改過。凡一日不知非。卽一日安於自是。一日無過可改。卽一日無步可進。天下聰明俊秀不少。所以德不加修。業不加廣者。只爲因循二字。擔閣一生。

## 彭氏家訓

彭端吾 號嵩螺夏邑人萬厤辛丑進士歷官山西道御史

父母只恐兒子有病。做不好的人。此念時時不放。人子亦肯時時不放。保此身以安父母心。做好人以繼父母志。便是至孝。

族中叔姪兄弟。與我原是一人。宜同體相看。決不可殘傷骨肉。

傷骨肉卽如傷我祖宗一般此念觸境當在

父黨母黨雖極貧不可疎遠

姪自側坐弟自隨行舅與姑丈俱父母行輩豈可平席肩坐外雖強顏中心能自安乎斷是不可

朋友屬五倫中謂其有益濫交則損矣何貴得朋休戚生死是大關繫凡遇親友當弔當問不可一刻少緩

相與密者甯無小失愼勿因其小者遂忘平日大處小固可恕大不可忘至於家庭兄弟尤當並大小而俱化矣

人只怕無志耳有志決要做一番人一生根腳便從此豎起

人只一誠耳少一不實盡是一腔虛詐怎成得人

此身常置靜處無論養德保身。治家讀書。俱有實益。日在鬧擾場中。並性靈汨沒了。有何實際。

古人惜寸陰。又惜分陰。謂時不可失也。人生能得幾少年。一瞬過矣。故及時最要。

一日未有實功。便自茫茫如有所失。日計不足。月計有餘。自能成事。

自眞正儒術外。餘皆異端亂人。卽謂修心修性。孔孟語無一句不在此中者。而何必外涉禪虛也。儒者而亦沈溺此。無問愚人矣。識定不妄趨。力定不妄移。自無歧路。所行自有指歸。故先養識力爲要。

窮阨時極能見人。凡有氣節不委靡者。到底必有成就。愈窮愈
有節槩。方是男子。

人得意驕矜。我猶如是。無變態也。人失意委靡。我猶如是。不低
眉也。善處得失者。其氣局寬舒。到底自有成就。

正正堂堂。切勿曖昧。惟有羣衆耳目。最是難掩。只有我聰明會
瞞人。人遂無聰明知我耶。是非顯然在外。我不欺瞞人。人卽
常以不欺瞞人者待我矣。有錯。人自相諒。

炙手可熱處。愼勿與密。勢力未必能貧我。我先自小多矣。且恐
利未得而害隨之。

人有智巧。我不如人。此正是我稟來好處。切勿增添機術。失此

孩心。

與其生一箇喪元氣的進士。不如生一箇培元氣的癡兒。

卽和易到極處。亦只是情意浹洽。而胸中涇渭。當自分曉。不可隨波浮沉。至相羣而黨也。

事來當先料理一著。明燭未形。先時整頓。只待事至纔理。便錯亂矣。

凡事須看力量可爲否。如不能爲。切勿勉强。無力强爲。必至分外營求。不如省事之爲逸也。

凡行事看公議如何。如係眾論不可者。卽止不爲。一件犯了淸議。許多好事。救解不來。

急行無善步。緩一著。加一熟思。自是不差。

平居無事莫放閒。須是常習慣。及事來人在慌亂。我安靜自如。往往見人臨事倉忙。只因閒時不先習勞也。

言語最宜減少。多言多失。寡言寡失。酒極則亂。尤宜忍默。量卽能飲。亦不可過。謂其敗德致疾也。神愛清不愛濁。過飲則神濁性亂。安能作事。

今人只快一時談笑。不顧人家污辱。損德莫甚於此。只爲是人閒好戲笑事。遂謅以傳謅。大率眞少而僞多。婦女在閨閫之中。又不能一一爲辨。如未有此事而妄造此言。鬼神必陰殛之。非迂談也。

凡有錯處。隨覺即改。如飾非文過。便一生無長進處矣。惟改過極是第一美事。

人只一點便宜心。隨事便起。甯損己些。便宜讓他。就相安無爭了。

事不在大。最忌傷心。有一事加人。瞋憾一生不已者。當面唾罵。可受。背後怨聲難領。

人有諷諭我者。必其愛我之甚。不置我於度外者也。當和顏以受之。彼樂與言。我得實益。

人有屈事加我者。聞之勿即忿恚。從容解之。氣度何閒適也。

凡人平日不相知。偶然以禮加我。必當審度。勿輕爲彼籠絡。無

故私恩不可受受則難酬此之謂也
人有冤抑不能自伸者能自爲解卽力解之自家不能又託人解之此不必待人求我若待求便遲矣萬勿隨聲附和彼謂有此事我亦謂有此事也
細人之言多是萋斐不可輕聽中彼之計而損我之明
凡遇微賤人就要眞實寬容卽犯我亦以恕他謂無知也我如震怒加之彼烏能當謂此輩有何不可淩虐我亦淩虐之是侮鰥寡之謂也
可令官長聞其名不可令官長見其人不入公門多少尊重
凡學中有事以和立論便可相從如屬聚訟多是血氣不顧日

後利害即潛藏不爲懦怯。

人家豪華切莫豔羨。一家潤富不知傾害幾家。未學彼富先學彼害人矣。

容足之外。皆爲無用。古人謂昔之貧不算貧。止無立錐地。今之貧實是貧。已無立地錐。玆且有屋可蔽風雨矣。視地與錐俱無者。竟何如也。尚復營求廣廈爲乎。

結納賞賚寺觀施舍。濫以與人。不如移之以助我窮親。施與耳目殘廢之人。爲有實惠。

多一僕多一累。但取勤樸者數人。切勿冗食。至於無賴之徒。孤假害人。敗名喪檢。莫此爲甚。最宜亟戒。

各有名分當守本等城中不可乘馬高張簷蓋鄉間不可坐轎亦當習勞可任大事

衣服簡素即是一德夏葛冬褐乃其本分吾家累世冠裳不曾改先世布衣風味此忠厚傳家之脈也願敬守此勿壞家風

## 示淳兒帖

顧憲成（字叔時無錫人萬厤進士累遷文選司郎中學者稱涇陽先生）

凡爲父兄的莫不愛其子凡愛其子弟的莫不願其讀書進取目今府縣考童生汝弟方病瘍度未能赴且年尚幼正何須著急汝則長矣往年又曾經考過來而今豈能不重以得失爲念然吾終始不願以汝姓名一聞於主者非恝然於汝也汝質儘

可望進步。吾又非棄汝而不屑也。吾自有說耳。何以言之。就義理上看。男兒七尺之軀。頂天立地。如何向人開口道箇求字。孟夫子齊人一章。便是這箇字的行狀。至今讀之。尚爲汗顏。不可作等閒認也。就命上看。人生窮通利鈍。卽墮地一刻。都已定下。如何增損得些子。眼前熙熙攘攘。赴童生試的。那箇不要做秀才。赴秀才試的。那箇不要做舉人。赴舉人試的。那箇不要做進士。到底有箇數在。若是貴的可以勢求。富者可以力求。那不會求的。便沒有分。造化亦炎涼矣。就我分上看。我本薄劣。無尺寸之長。賴天之佑。祖父之庇。幸博一第。再仕再不效。有邱山之罪。猶然煖衣飽食。安享太平。在昔大聖大賢。往往厄窮以老。甚而有囙有竄流離顚沛。不能自存者。我何人斯。不啻過分矣。更爲汝干進耶。是無厭也。就汝分上看。但在汝自家志向如何。若肯刻苦讀書。到得功夫透徹。連舉人進士也自不難。何有於一秀才。若又肯尋向上去。要做箇人。卽如吳康齋胡敬齋兩先生。只是箇布衣。都成了大儒。至今說起兩先生。誰不敬慕。連舉人進士也無用處。何有於一秀才。汝試於此繹而思之。余其恝然於汝也耶。抑愛汝以德也耶。余其棄汝而不屑也耶。抑玉汝而進遠且大也耶。此意本欲待汝自悟。恐汝究竟不察。謬生疑沮。不得不分明道破。汝能識得。省多少閒心腸。省多少閒氣力。省多少閒悲喜。便是一生眞受用也。記之記之。無令吾言爲伯魯之簡。

家訓

高攀龍字存之無錫人以左都御史家居被魏璫逮先一日謁道南祠赴水死謚忠憲

吾人立身天地間。只思量作得一箇人。是第一義。餘事都沒要緊。作人的道理。不必多言。只看小學便是。依此作去。豈有差失。從古聰明睿智聖賢豪傑。只於此見得透。下手蚤。所以其人千古萬古。不可磨滅。聞此言不信。便是凡愚。所宜猛省。作好人。眼前覺得不便宜。總算來是大便宜。作不好人。眼前覺得便宜。總算來是大不便宜。千古以來。成敗昭然。如何迷人尚不覺悟。眞是可哀。吾爲子孫發此眞切誠懇之語。不可草

草看過

吾儒學問主於經世故聖賢教人莫先窮理道理不明有不知不覺墮於小人之歸者可畏可畏窮理雖多方要在讀書親賢小學近思錄四書五經周程張朱語錄性理綱目所當讀之書也知人之要在其中矣

取人要知聖人取狂狷之意狂狷皆與世俗不相入然可以入道若憎惡此等人便不是好消息所與皆庸俗人己未有不入於庸俗者出而用世便與小人相暱與君子為讐最是大利害處不可輕看吾見天下人坐此病甚多以此知聖人是萬世法眼

不可專取人之才當以忠信爲本自古君子爲小人所惑皆是
取其才小人未有無才者
以孝弟爲本以忠義爲主以廉潔爲先以誠實爲要
臨事讓人一步自有餘地臨財放寛一分自有餘味
善須是積今日積明日積積小便大一念之差一言之差一事
之差有因而喪身亡家者豈可不畏也
愛人者人恆愛之敬人者人恆敬之我惡人人亦惡我我慢人
人亦慢我此感應自然之理切不可結怨於人結怨於人譬
如服毒其毒日久必發但有小大遲速不同耳人家祖宗受
人欺侮其子孫傳說不忘乘時遘會終須報之彼我同然出

爾反爾豈可不戒也

言語最要謹愼交遊最要審擇多說一句不如少說一句多識一人不如少識一人若是賢友愈多愈好只恐人才難得知人實難耳語云要作好人須尋好友引酵若酸那得甜酒又云人生喪家亡身言語占了八分皆格言也

見過所以求福反己所以免禍常見己過常向吉中行矣自認爲是人不好再開口矣非是爲橫逆之來姑且自認不是其實人非聖人豈能盡善人來加我多是自取但肯反求道理自見如此則吾心愈細密臨事愈精詳一番經歷一番進益省了幾多氣力長了幾多識見小人所以爲小人者只見別

人不是而已

人家有體面崖岸之說大害事家人惹事直者置之曲者治之而已往往爲體面立崖岸曲護其短力直其事此乃自傷體面自毀崖岸也長小人之志生不測之變多緣於此

世間惟財色二者最迷惑人最敗壞人故自妻妾而外皆爲非己之色淫人妻女妻女淫人夭壽折福殃留子孫皆有明驗顯報少年當竭力保守視身如白玉一失脚卽成粉碎視此事如鴆毒一入口卽立死須臾堅忍終身受用一念之差萬劫莫贖可畏哉可畏哉古人甚禍非分之得故貨悖而入亦悖而出吾見世人非分得財非得財也得禍也積財愈多積

禍愈大。往往生出異常不肖子孫。作出無限醜事。資人笑話。層見疊出於耳目之前而不悟。悲夫。吾試靜心思之。淨眼觀之。凡宮室飲食衣服器用受用。得有數。樸素些有何不好。簡淡些有何不好。人心但從欲如流。往而不返。耳轉念之間。每日當省不省者甚多。日減一日。豈不瀟灑快活。但力持勤儉兩字。終身不取一毫非分之得。泰然自得。衾影無怍。不勝於穢濁之富百千萬倍耶。

人生爵位。自是分定。非可營求。只看得義命二字透。落得作箇君子。不然。空污穢清淨世界。空玷辱清白家門。不如窮簷蔀屋田夫牧子。老死而人不聞者。反免得出一番大醜也。

士大夫居間得財之醜。不減於室女踰牆從人之羞。流俗滔滔。恬不爲怪者。只是不曾立志要作人。若要作人。自知男女失節。總是一般。

人身頂天立地。爲綱常名教之寄。甚貴重也。不自知其貴重。少年比之匪人。爲賭博宿娼之事。清夜睨而自靦。成何面目。若以爲無傷而不羞。便是人家下流子弟。甘心下流。又復何言。

捉人打人。最是惡事。最是險事。未必便至於死。但一捉一打。或其人不幸遘病死。或因別事死。便不能脫然無累。保身保家。戒此爲要。極不堪者。自有官法。自有公論。何苦自蹈危險耶。

況自家人而外。鄉黨中與我平等。豈可以貴賤貧富強弱之

故妄淩辱人乎家人違犯必令人扑責決不可拳打腳踢暴怒之下有失戒之戒之

古語云世間第一好事莫如救難憐貧人若不遭天禍舍施能費幾文故濟人不在大費己財但以方便存心殘羹賸飯亦可救人之饑敝衣敗絮亦可救人之寒酒筵省得一二品餽贈省得一二器少置衣服一二套省去長物一二件切切爲貧人算計存些贏餘以濟人急難去無用可成大用積小惠可成大德此爲善中一大功課也

少殺生命最可養心最可惜福一般皮肉一般痛苦物但不能言耳不知其刀俎之間何等苦惱我卻以日用口腹人事應

酬略不爲彼思量豈復有仁心乎供客勿多餚品兼用素菜切切爲生命算計稍可省者便省之省殺一命於吾心有無限安處卽此仁心慈念自有無限妙處此又爲善中一大功課也

有一種俗人如傭書作中作媒唱曲之類其所知者勢利所談者聲色所就者酒食而已與之綢繆一妨人讀書之功一消人高明之意一浸淫漸漬引入於不善而不自知所謂便辟側媚也爲損不小急宜警覺

周氏譜訓 原書未著作者姓氏

族有長幼尊卑天所秩敘豈貴賤賢不肖及一人喜怒愛憎所

得升降。吾不知敬長。恆忌長之不我愛。及其為長。又不能愛幼。吾不知恤卑。遽怒卑之不我尊。及其居卑。又不能承尊。所謂藏身以恕。而躬厚薄責。恐不若是自便也。茲弊相沿。徒知右冠裳而左天倫。尚望我二三士類。常相與講明躬率之。偶閱東園友聞。昔有富翁方對客談。適有垢衣敝屣如屠沽者自外至。翁肅起迎之上座。退而拱立。其人曰。汝坐。翁乃坐。客問翁彼何人。翁曰。某族叔父也。客哂之曰。吾族則無此。翁曰。但君族未廣耳。客大懟。夫一手五指。誰能齊一。矧族至數千人。甯得盡富貴賢哲。乃倫序固自在也。凡我同宗。幸尚念之。其毋令此翁與垢敝如屠沽者聞之啞然而笑。

付大兒茂蘭

周順昌字景文吳縣人爲吏部考功郎中忤魏璫被逮至京極口罵璫而死謚忠介

四月朔日渡江一路風光儘覺自在自鄉夫販客婦女兒童無不攀車垂涕者即焦頭爛額輩如狼如虎亦皆感恩而泣不知何以得眾心如此乃知忠信篤敬之果可行於蠻貊也兒輩須從窮愁患難中困心衡慮苦志讀書作第一等好人方不負我之教平居當閉門靜守務使戶庭之內肅若朝典至切如此世界更須萬分謹慎也

官西臺寄季弟

李應昇字仲達江陰人爲御史疏參魏璫削籍歸尋被逮至京拷掠備至以死謚忠毅

吾行後甚以弟爲念上事父親欲勤而愼敬而懇讀書欲眞而銳治家欲婉而和交友欲斂而擇四言者大約盡之所謂色難者非獨在己之愉色婉容乃察言觀色先意而迎也文章須有沈靜把握之力始可得飛舞動盪之機居身須有反觀簡察之心始可行快情滿志之事夫不得轉移之法透脫之方而徒鬱鬱誰與草草自放以聽快之才情少年之歲月浪擲以去則可惜也今年之考須看筆興文心到否何如否則姑聽自然徐圖遺才亦可若靜想吾前之四言功名學問在其中矣保身固元尤第一義今少壯之人而具見衰弱之證豈非切身之憂乎酒色之弊人人入其中在猛省力量防其縱志而已

## 亡前一日手書誡子

李應昇

付遯之兒手筆吾直言賈禍自分一死以報朝廷不復與汝相見故書數言以告汝汝長成之日佩爲韋弦郎吾不死之年也汝生長於官舍祖父母拱璧視汝內外親戚以貴公子待汝衣鮮食甘嗔喜任意嬌養旣慣不肯服布舊之衣不肯食粗糲之食若長而弗改必至窮餓此宜儉以惜福一也汝少所習見遊宦赫奕未見吾童生秀才時低眉下人及祖父母艱難支持之日也又未見吾囚服被逮及獄中幽囚痛苦之狀也汝不嘗膽以思豈復有人心者哉人不可上物不可凌此宜謙以守身二

也。祖父母愛汝。汝狎而忘敬。汝母訓汝。汝傲而弗親。今吾不測。汝代吾爲子。可不仰體祖父母之心乎。至於汝母。更倚何人。汝若不孝。神明殛之矣。此宜孝以事親三也。吾居官愛名節。未嘗貪取肥家。今家中所存之業。皆祖父母勤苦積累。且此番銷費大半。吾向有誓願。兄弟三分。必不多取一畝一粒。汝視伯如父。視寡嬸如母。即有祖父母之命。毫不可多取。以負我志。此宜公以承家四也。汝旣鮮兄弟。止一庶妹。當待以同胞。僎嫁於中等貧家。須與莊田百畝。至於庶妹母奉事吾有年。當足其衣食。撥與贍田收租以給之。內外出入謹其防閑。此桑梓之義一作恩義所關五也。汝資性不鈍。吾失於教訓。讀書已遲。汝念吾辛苦。勵志勤學儻有上進之日急先歸養若上進無望須做一讀書秀才將吾所存諸稾簡籍好好詮次此文章一脈六也吾苦生不得盡養他日伺祖父母百歲後葬我於墓側不得遠離

諭子十則

呂維祺字介儒河南新安人萬厤癸丑進士崇禎時授南京戶部侍郎兵部尚書流寇陷河南罵賊而死謚忠節

孔子十五志學所學何事爾宜思此志力此學不可悠悠放過

立志要學聖人不可僅以中人止足亦不可竟以豪傑自命

光陰可惜時乎時乎不再來

讀書要存心養性明道理處爲眞儒出爲名世非爲取科第之

階梯而已。汝宜知此意。

今人讀書便只道做好官多得錢。是富貴之士。決不可存此念。

時時用敬。常如父兄師保在前。必愼其獨。

凡遇財物飮食。不可存一貪心。異日必爲淸修之士。

言語飮食。一毫不可苟。

謙光有厚器者。必有大成。

親賢取友。自得其益。古之聖賢。未有不須友而成者。

## 致友人書

賀逢聖 江夏人崇禎朝入內閣尋致政歸獻賊入楚合門就義者二十人謚文忠

據今日耳目觀聽。豈不謂逢聖閣員矣。乃逢聖自有根本不可忘者高曾以上事不及知先大父大母前嘉靖乙丑度荒年三日僅黃豆一升歲除一母鷄易米二升五合先中憲所刊祠堂聯云當年鷄豆休忘念此日兒孫勿妄思使逢聖今日不念是自絕祖父之澤也先中憲赤貧諸生授館四十年每歲正月初六始十二月二十四日止一領青布直衣坐處方方一塊藍色先恭人讓居於婿周旋數尺陋室中下溼上漏炊爨即在牀前烟薰眼淚逢聖哽咽不能書今日不念是自絕其父母之澤也即逢聖戊戌館於鍾祥己酉館於嘉善寺或禦冬以絺或六月薦草癸卯揭曉則先日絕糧丙辰報至則深夜丐酒今日不念忽作兩截人是自絕其子孫之緒也念之奈何亦日罔敢作孽

而已。不作孽。奈何亦曰救得一物是一物。救得一事是一事。而已。救之奈何。亦曰服膺先中憲之訓。飢死事小。甯沒飯喫。切不可錯動了念頭。不錯動念頭如何。亦曰公門無一事之干。本宅無生事之僕。錢糧無分毫之欠。馬遞水驛。不往索一騎一舟。山塲湖地。不討管一尺一寸。大江上下。無營運裝載之一船。其或非意相加。則力誡子孫。閉門謝過而已。此極猥瑣事。逢聖何臚列乃爾。先正有言。孝子一舉步不忘親。積之成大孝。忠臣一事不顧私。積之成純忠。廉官一銖不苟取。積之成清白。烈女一笑不聞音。積之成貞節。天下事皆起於微。成於慎微。微之不慎。星火燎原。蟻穴潰堤。吾畏其卒。故怖其始也。

座右編

朱潮遠 爵里未詳

先方伯在宣雲時家書云付兒潮遠丟爾等一年餘心中痛割囑付爾刀耕火種尚有天災我爲朝廷封疆受多少勞苦今乃亦有挂誤處卽此日月之蝕亦卽此當猛省人生衣食有定分若不愛惜穿喫盡卽不乞丐亦必爲無恥花子不可在小營生人身上賺他半分三釐見他擔肩負背之苦不由得不見景傷情切莫說門面在這裏要花費若弄窮了門面不來採爾了有起事來越是門面越不好有不惜衣食者是破我家也我遊宦三十年無餘錢以遺子孫若遺有餘錢恐天報我連累爾等我

只以清慎勤仰答求爲爾等寬裕受用一則不煩天地鬼神乘除滅算我一則不煩盜賊竊竊我一則我臨死之時決然無生前損人利己肥家潤身之業障難得見爾將此言卽是財帛與爾安貧讀書守禮修身爲上休妄想休謀人休自驕休怨貧貧則免人算害有禍也小有病也不凶惡一箇謙字一生受用不盡兩箇勤儉字子孫享用不了好生認得定立得定便是天地間奇男子我今老了衰了一生之過悔不徹了最要緊是不可廚中刀上見血說著也怕不可與貧漢爭一升一合甯可少喫一碗飲食下喉去不過肚中多飽些穢污遏驕奢狂人只說道爾是有福人我命薄怎能比此此是我一生得力處崇禎七年閏

八月初九日筆

# 課子隨筆鈔卷三

儀封張又渠先生輯

河內夏錫疇鈔錄

## 庭書頻說

黃　標（爵里未詳）

子

天下爲子者不一有孝子有賢子有才子有愚子有不肖之子但求爲孝子不必求爲才子務求爲賢子不可安爲愚子更不可學爲不肖之子蓋爲孝子者服勞奉養不肯少傷乎親之心卽至親偶有過又不徒爲順從陷親不義須委曲幾諫諭親於

道不使子有孝名親有過名此求爲孝子之說也若夫才子雖爲父母所樂得但多才則多事多事則多累嘗見恃才之子父母教以忠厚則笑爲愚父母教以節儉則笑爲吝父母教以聖賢則笑爲迂以至逞才妄作傲物淩人損德敗行而禍及父母者良不少也此不必求爲才子之說也爲賢子者重德行立名節爲庶人之子而不入於俗爲公卿之子而不流於驕及功成名遂之日固能流芳百世顯耀祖宗即不能得志亦能持身有道使宗族鄉黨皆稱焉此求爲賢子之說也若夫愚子雖不玷身辱親而碌碌無能瞶瞶無知受父母之責不知其爲愛而以爲勞聽父母之訓不知其爲恩而以爲怨蹉跎歲月不諳世故

人情追至父母告終身家自主一遇艱難困苦手足無措始悔幼年之不早率父教也亦已晚矣謂曰愚子不誠愚哉至於不肖之子逆父命傲宗族蕩祖宗之產而反謂祖父之不富貽父母之辱而反謂父母之無能身愛資財而縱欲奢華總不思家中之一絲一粒皆從父母勤儉所致身爲公子而般樂怠傲總不念乃父之一官一職皆從先人陰騭中來謂曰不肖眞不肖也余竊思天下無不是的父母父慈子固當孝父卽不慈子亦當孝子果能孝而父母又焉有不慈者乎俗云養子方知父母恩知我之愛子自知父母之愛我人甘於爲愚不肖而不思爲賢子者是誠何心

兄

嘗覽兄弟命名之義別之曰伯仲叔季蓋伯者長也以兄長於弟故獨以伯稱之於是知父師之下所賴以爲倡率者惟兄耳兄果盡倡率之道則庭訓之餘握手相勸可以佐父教所不及兄果盡倡率之道則講習之後促膝相勉更可以佐師訓所不逮兄長之誼所關亦不小矣而世之爲兄者余多不解見弟顯榮則忌之見弟貧賤則鄙之聞弟賢名則毀之聞弟惡名則笑之身居尊顯而甘使弟爲匹夫躬被羅綺而忍令弟結鶉衣不盡友于之情反加欺淩之威甚至偏子女而鬩牆變生肘腋覇家財而戈矛輒起同室同胞之親等於路人手足之愛視若寇

譬兄不盡其爲兄而獨令弟盡其爲弟弟雖不敢與較當亦愁焉心傷矣獨不思我之愛子時戒之曰爾兄弟相好無猶而父母之於我兄弟亦自願其相好無猶既知父母愛我弟一如愛我而顧加弟以不堪當父母而在固有以傷父母之心明明得罪於高堂卽父母已往而幽冥之中恨長子之無情歎幼子之失所能不疾首拊胸淚滴九泉乎願爲兄者推父母之心篤天倫之好貧富與共貴賤與共好惡與共勿以妻子之言而輕爲離間勿以侍從之口而遽生嫌疑兄以誠心相待弟自以誠心相感弟如傲象猶可格心況其他乎爲兄者自盡其爲兄也可

## 弟

弟道之不明於天下也久矣余竊慮聖賢之莊語不足以破傲弟之迷請即爲弟之分爲弟之理與夫爲弟之情質言之兄居其先弟居其後先者當尊後者當遜分在則然也論學術兄講習者多論世故兄閱歷者久有父從父無父從兄理在則然也兄愛我不忍與之爭兄率我不忍與之抗稍長知敬不慮而能情在則然也世之爲弟者往往受兄之教而以爲恥受兄之責而以爲辱以少淩長盛氣相加而弟之分於是不明才大則傲兄以學位尊則傲兄以爵行不讓先坐不讓位而弟之理於是不明遇兄之仇親若知己臨兄之難忍如隔膜富則相聚貧則相離而弟之情於是不明家不敬兄卻訂盟於四海內不遜長

御示謙於朋友弟道浸衰殊可悼歎試清夜一思上有其兄下亦有其弟有時爲人之弟亦有時爲人之兄我以無禮加兄而不顧兄之受與不受設爲我弟者亦以無禮加我受乎不受乎我以非分待兄而不問心之安與不安設爲我弟者亦以非分待我安乎不安乎兄望我盡弟道於兄無異我望弟盡弟道於我此心不推天性以乖由是而不敬叔伯不尊父母不睦宗族不和鄉里亦何所不至也爲弟者當自憭然

夫

夫者扶也言正位乎外使妻賴之以扶持乎終身也惟盡其扶持之道不失其爲妻之綱方不負其爲夫之名雖然始之不正

即有不能防閑於後者。如妻之方進門也。新婚燕爾。花燭輝煌。而爲夫者即溺情牀第。不整夫綱。則婦人必將揣摩其夫之心。以投其所好。所以不數月閒。而爲夫之動靜性情。與夫德行人品。皆被婦人看破矣。既爲婦人看破。見夫之好淫也。則妖冶其容以誘夫之心。一爲妖冶所誘。而夫之權婦得奪之。見夫之溺愛也。則變遷其態。以挫夫之氣。夫一爲變遷所挫。而夫之權婦又奪之。甚而見夫之喜怒無常。坐作無度。則婦直以狂惑目之。不屑承奉。旋多睥睨。而夫之權婦盡奪之。至盡奪其權。是婦有權而夫反無權。是以往往鬚眉男子。對人談笑。似有烈烈丈夫氣槩。及至婦人之前。則柔聲下氣。奴顏婢膝之狀。有不堪令人見者總之不正其始則權爲婦奪反受婦人之節制者大抵然也。誠於婦人進門之始。雖篤夫婦之情。必明內外之分。正其夫綱。持其大體。親愛中寓有嚴正之氣。唱隨時不失琴瑟之調。則型範既端。權柄在我。婦人自愛而敬之。依爲終身。而不負其爲夫之名矣。爲夫者何不學爲男子漢。而甘爲兒女態也。

婦

爲婦之道。皆本於爲女之時。是以古人養女。當未賦于歸。必設姆師訓教。令其習聞持身敬夫立家之訓。講求孝公姑和妯娌待僕從之理。則女教實皆婦教也。今之世姆教既廢。閨訓不聞。爲母者。娶人之女以爲己之媳。則荼毒之。挫辱之。是以人之女至我家而即賤也。嫁己之女以爲人之媳。則溺愛之。敎唆之。是己之女至他家而即貴也。爲女者見母之愛我也如此。由是任性多嬌。嬌者必悍。女敎不豫。又安望其爲婦而能宜家也。及至夫家。上逆公婆。下傲妯娌。丈夫囑責。輒相反目。甚而稍不如意。即歸告父母。造言流涕。母踵夫壻之門。駡言投水。女借母家之勢。故作懸梁。致使爲夫者懼禍忍辱。不能自主。漸而婦得自便。睡早起晚。蓬頭垢面。不修侍御之容。耗穀傷財。盡棄織紡之工。嗟乎。婦道亦何至此哉。余勸爲婦者痛改積習。守婦本分。惟求無愆於井臼。不致夫歎其饔飧。專內助。勿問閫外。率質樸。勿矜才能。則夫之心安。而婦之道盡矣。語云。惟酒食是議。此操井臼親饔飧之說也。又云牝雞司晨。惟家之索。此專內助勿問閫外之說也。又云哲夫成城。哲婦傾城。此率質樸勿矜才能之說也。若夫四德三從之訓。載在女經。余不必再爲之贅。

## 嫡庶

齊家之道。自天子至於庶人。自古難之矣。然士庶之齊家與帝王之齊家不同。帝王之家。以嫡庶爲尊卑。不得以兄弟爲先後。士庶之家。則以兄弟爲先後。不得以嫡庶爲尊卑。何則。以嫡庶爲尊卑者。所以定王侯之分。而歸於一也。不歸於一。則易爭。故嫡子雖弟。不可以後兄。庶子雖兄。不容以先弟。以兄弟爲先後者。所以敘天性之誼。而正其倫也。不正其倫。則易亂。故弟雖嫡子。猶是弟也。兄雖庶子。猶是兄也。故曰不同也。若士庶之家。而亦拘拘於嫡庶之別。則手足之情不洽。手足之情不洽。則妻妾之心必變。而骨肉乖離不祥孰甚焉。蓋妻妾大分也。分之所在。則嫡庶之辨貴嚴。兄弟天倫也。倫之所在。則嫡庶之說無庸。惟在各盡其道。故上下可相安也。乃妻之悍妒者。妻暴虐其妾。則庶子雖孝。亦情理之難忍。妾之驕寵者。妾凌侮其妻。則嫡子雖賢。亦名分之難甘。由是各爲其母。則兄弟仇讐。同室操戈者。勢所必至也。不知嫡母母也。庶子之事嫡母。不可不孝。庶母亦母也。嫡子之待庶母。不可不敬。嫡子固子也。庶母之待嫡子。不可不厚。庶子亦子也。嫡母之遇庶子。不可不愛。兄嫡出而弟庶出。

兄固不可不友其弟弟嫡出而兄庶出弟又不可不恭其兄如是兄弟之倫既定則上下之分亦定嫡母樛曲以待下庶母承順以事上則嫡庶之禍可以永杜所謂各盡其道者如此

防閑內外

內則曰禮始於謹夫婦辨內外男不言內女不言外非喪非祭不相授器蓋所以正婦德肅閨範也余嘗讀之而知先王之教人防閑者未嘗不嚴矣而人往往防閑之多疏亦獨何哉夫天下中人居多如節操凜若冰霜孤貞堅如金石不以存亡易心不以盛衰改節者此能以禮自防而不待人之防閑者也三代而下甯幾見乎下此則不爲之防閑不可也蓋男女之情人皆

有之。闈有矢志潔清而猶或失身匪類者。況秉性豔冶者。而可保其無他乎。每見疏於防閑者。內外不嚴。出入無禁。自謂家門清靜矣。不知主人聾瞶。則閨內多隙。萬一中冓失節。聲傳鄰里。雖祖功宗德。不足蓋一時之醜。即孝子慈孫。亦且蒙百世之辱。至此悔恨。亦何及哉。然與其悔之於後。莫若防之於先。勿因報賽而登山入廟。勿信邪說而往來六婆。勿畜俊僕而縱其出入。勿藏淫書而誘其情慾。勿令認瓜葛之親而輕爲燕會。勿令攀鄰人之壁而無故接談。如是而防閑之道明。則終日閨門之內。目不見非僻之人。耳不聞非僻之言。賢者固可以矢志潔清。即不賢者亦無不兢兢自好焉。然則養人之廉恥而消邪心者。誠

莫如防閑之禮矣齊家君子胡弗聞焉

妯娌相和

一家之中往往兄弟失歡手足乖離者其造禍多由於妯娌之不睦何言之妯娌本非同姓又非同氣以異姓之子居一門之內其能宜家而明大義者無論矣而驕悍之婦忌嫉易生猜疑易起或爭室中之箕帚而搆成莫大之釁或競閨內之巾櫛而釀爲難解之恨甚至慱殷勤於翁姑而揚己滅人私愛憎於子女而此長彼短兼之巧拙有相形之感妍媸有並衡之嫌貧富有較量之隙積其怨於胸中遂肆其言於枕畔矣將天性之愛離於彼婦之口一體之誼閒於長舌之婦嗟乎爲妯娌者不相

敬相愛同心家計而乃此强彼傲撥弄是非致令夫君鬱鬱不樂父母終日不快吾不知其婦道之謂何而甘於攪亂家門如是耶雖然兄弟之不和固由於妯娌而妯娌之相和還由於兄弟物必先腐也而後蟲生之人必先疑也而後讒入之兄弟果能敦同胞之義念天倫之情兄憐弟幼而能友能寬弟思兄長而知恭知忍如此協和卽有不良之婦任其多方讒譖雖言之諄諄而聽之藐藐彼欲間我兄弟亦烏從而間之哉兄弟旣不爲其所間彼自知其嫌隙無庸則妯娌亦將各安於室各宜其家平心忍氣而莫之相傾矣故欲和妯娌者仍先自和兄弟始

藝慢先靈

祖宗父母生我者也存則固當致其孝沒則尤宜盡其誠所以古人入廟思敬過墓生哀良有以也故宣尼曰事死如事生事亡如事存此無他孝敬之心積於中故不禁僾乎其如見愾乎其如聞恍焉先靈式憑而洋洋左右也於斯時也思其所嗜思其所樂此心猶恐隕越而敢以褻慢置之乎儻因日遠情疏存一狎玩心便爲褻存一怠緩心便爲慢慢與褻俱而忘親蔑禮罪莫大焉世有不肖子孫略不知追遠之義春露雖濡而思親之心弗怵秋霜雖降而念親之心弗懆即有修明禋之故事牲牷酒醴而外全無仁孝愛敬之誠甚至有易先代之宗祊藐先人之木主者嗟乎木本水源之謂何遂使在天之靈爽爲怨爲

恫。而愁焉不甯如是也。詩云。維桑與梓。必恭敬止。不忘親之手澤也。手澤尚不可忘。而先靈豈容褻慢歟。夫獲罪於祖父。卽獲罪於鬼神。至於祖父惡之。鬼神怒之。而欲生前享富貴之榮。死後食子孫之報。此必不可得之數矣。吾願世之人。以事生之禮事死。以事存之意事亡。如禮所云。盡其愨而愨焉。盡其信而信焉。盡其敬而敬焉。雖蘋蘩薀藻。澗沚谿毛。無不可以告其明信。昭其誠潔。又何至有褻慢之失。而貽先靈之恨哉。

妒虐侍妾

嘗思婦人之生。上則爲人妻。下則爲人婢。至不幸而可上可下。而爲人侍妾。其事主夫也。恆易。而事主婦也。恆難。蓋主婦相守以夫意謂夫之愛常專於己而弗移也無端娶一妾其色卽與己相等猶恐其分吾愛而況少艾嬌妾相越甚遠主婦烏能自安乎是以中心嫉之百計中之洗瘢臨之鞭撻繼之甚至見其有色而殘傷以毀其貌見其有孕而重勞以損其胎妒之不已繼之以虐所由來也夫侍妾何爲者乎或爲後嗣或佐中饋原非無故而娶況爲侍妾者又任勞勤嘗甘苦不敢自言而又何堪此無形之殘與有形之毒耶若云分其愛則又過計也亦顧其夫何如耳夫誠賢必不至厭大喜小因顏色而起異見若夫不賢則青樓歌妓豈無有牽其情者與其分之若輩而得悍妒之名曷若分之侍妾而得逮下之譽乎況侍妾當遣嫁之時嫡

妾之分自應分明斷無卑踰尊賤妨貴之理卽杯酒言笑稍示以恩自爾知感柰之何入宮見妒娥眉不肯讓人乎誠平心以自處寬厚以接下飲食相週疾病相扶與侍妾藹然有一體之誼其感激詠歌又不知當何如也由是和氣積於門內百福聚於家庭卽至侍妾幸御螽斯繩繩而妾子皆吾子此可爲賢婦嘉而並可爲妒婦勸也

寵妾欺嫡

嫡者敵也與夫敵體者也妾者接也不告父母不通六禮得接見於君子而不敢與之角勢分者也春秋嚴嫡庶之分風詩有綠衣之歎尊卑貴賤不可紊矣古者四十無子則娶妾爲宗嗣

計也夢熊羆紹箕裘是其所望如之何紅裙添翠紫帳增春徒取燕昵之私哉夫溺私情則忘大義必有棄糟糠而弗顧者長門之賦白頭之吟所自來矣夫糟糠與我同甘苦者也操井臼執巾櫛吾之父母是其所養施恩勤善撫育吾之子女是其所成是何如之恩情一旦新人愛重舊好情分忍乎不忍乎且天下至苦者無如妾輩而至易縱者亦無如妾輩當其同室而居也側目而視恨不得勢耳及其夫爲所迷則枕上之言惟伊是聽令夫與嫡反目而不相覿面者有之令夫與嫡操戈而各相毒害者有之或妾爲美饌而嫡不給以菽粟或妾爲珍飾而嫡不贍以荊布或妾享安逸而令嫡充廚竈或妾反作威而令嫡

受毆辱甚至因惡嫡而又有見惡於其子者父子賊恩天倫義滅家門豈有興隆之理無論鄉人指摘親戚唾詈卽此大小不睦陰陽不和夫妻搆釁而禍生門內父子相夷而變起蕭牆在妾輩不足怪也身爲男子豈可溺色而心無所主以取狂惑之誚哉

## 聽信婦言

從來大有爲之人必剛方獨斷能不惑於柔情方成丈夫氣槩而功名事業亦俱從此出若漫無主張而唯唯聽命於女子之口卽其言有合於理有濟於事已失丈夫體統況乎其未必合理未必濟事也天下最足以召禍者莫過於婦人之言婦人不

明典訓不語義理所聞者女流之語所持者一偏之見見偏則是非無常是非無常則不顧大體故往往肆枕畔之戈矛一言而間人父子橫耳邊之荼毒一言而乖人兄弟播煽惑之巧術一言而獲罪於宗族鄉黨此牝雞司晨長舌階厲昔人所以諄諄歎息也人惑溺於私情初則因其狎愛繼且養成驕恣繼則因其驕恣終則流爲畏懼狎愛既深雖明知其虛誑欲不聽信而不能畏懼既久雖甚疾其饒舌欲不聽信而不敢將剛方之氣一變而爲脂韋之習矣聽言至此輕則陷身不義重則隕身不祥可不戒哉爲丈夫者果能乾剛獨持勿使婦人得與外事祇令其奉巾櫛持箕帚操中饋理蘋蘩而已即或有内事相參

酌亦必求合於理。有濟於事。自彼言之。仍自我主之。庶不至陰陽反常。乖沴招禍矣。雖然。婦人亦有內助之賢。佐夫不及。如雞鳴之戒。脫簪之警。其言又屬當聽。又屬當信者也。豈容一槩棄之。

## 婦女嬉遊

禮曰。婦女不出閨。嚴內外也。夫閨門尚不可出。況遠而嬉遊乎。世閒嚴肅閨門者固多。不謹閨門者亦不少。恪遵婦道者固有。不守婦道者亦甚多。曾見有女紅不勤。以巡門挨戶為正事。中饋不修。以登山謁廟為善行。貴者乘肩輿擁侍妾。富者駕寶馬炫明珠。盛其首飾。異其服色。以供人之瞻玩。妖冶其容。嬝娜其步以牽人之情思不曰口願則曰心願雖道路阻長不畏跋涉之苦不曰祈嗣則曰祈福雖山川迢遞不憚風塵之勞今日進香明日修醮此處參佛彼處拜祖以有用金錢枉自齋僧布施以無幾光陰空爲忙裏偷閒甚至勾引私奔而此約彼期借端宣淫者有之潛入邪教而男女混雜因而失節者有之無窮醜行未易更僕總本於嬉遊之所致也雖然此固婦德之衰良由爲夫者之縱其惡也假如嚴飭閨房使婦識三從女遵姆訓內言不出外言不入彼將含辱斂容退處之不暇亦焉敢肆然無忌雜入於稠人廣衆之中也哉

## 淩虐奴僕

奴僕亦人子也十月懷胎三年乳哺與常人無異方其在父母之前撫育恩勤食之而問其飢衣之而問其寒是如何之愛惜也不幸而遭家不造骨肉分離或因貧窮而易子或緣事故而投人亦人情之最可傷者然在近居鄰里猶曰有相見之期也至於得錢而鬻之仕宦因財而貨於商賈千里關山生離死別人非木石能不痛心爲主人者即大加軫恤猶恐不能釋其愁懷柰何不存恕道往往逞一時之氣重爲之淩虐哉且爲奴僕之事亦甚苦矣人誰不欲安逸也時當安枕彼則鐘鳴早起以供其役人皆晏息彼則漏盡遲眠以效其用人誰不欲煖飽也主人服文繡彼則敗絮鶉衣以遮其體主人饜粱肉彼則殘羹

膹菜以充其腹主人乘堅策肥彼則跋涉奔走不離乎左右主人錦茵高坐彼則侍立側足以爲之後先噫亦良苦矣即或稍不稱心猶當大爲含忍大爲寬容柰何以一言之差一事之忤動加箠楚日用鞭扑如此其不爲鳥獸散者幾希抑又有說當其懷憤而出也意氣怏怏恨不得地耳一出而得地則必爲之圖報矣又恨其無勢耳一出而得勢則必爲之搆禍矣況主人之舉動主人之家園又其所熟習而洞見之者乎必有大不便於主人者夫人之用奴僕也孰不欲得忠勤之輩以代我手足之勞然以淩虐而求忠僕豈可得乎故乘勢而易作威逞忿而多使氣主人之常也余願使奴僕者以愛己之子轉而體人之

子以憐我之兒轉而恤人之兒其於御下或庶幾乎

禁止六婆

禮別嫌疑莫重閨閫而或者能禁男子之往來不能禁婦人之出入不知婦人中有所謂六婆者其人雖微其害甚大所當嚴爲拒絕者也夫六婆大抵皆無依之婦或爲飢寒所苦不得已各執其業以爲生者婦人至此廉恥已盡絕矣日走百家之門巧爲逢迎之計而主人慢不覺察恆以爲婦人也而忽之彼既知主人不禁遂得各行其術於家人婦女之前或誘以齋或誘以巫或誘以布施結緣或誘以典當服飾或誘以卦卜問壽夭或誘以彈曲消寂寞家人一爲所惑而金錢粟帛將有日見其

消耗者矣然此猶其害之小者婦女生於閨門不識詩書之義而又以數輩妖魔鼓簧其間挑鬭是非因而上下失懽彼此不睦大非家門之慶也雖然此亦其害之小者夫六婆所欲得者錢財耳得其錢財則門內之隱皆可宣揚於外得其錢財則戶外之情又何難巧傳於內乎甚至內外相通踰牆鑽穴在所不免由此觀之任用六婆是猶開門而招淫也然六婆不足責所可怪者身爲家主不爲防微杜漸之謀而爲開門招淫之計亦甚愚矣迨至事久情彰謠騰人口門楣爲之掃地始恨六婆之害如此此其甚也彼六婆之肉其堪食乎是莫若峻往來之防明出入之禁庶幾家庭無事閫範常端矣齊家君子用誌斯言

## 搬弄口舌

婦有四德言居其一婦有七去多言居其一甚矣言之所係誠重也蓋一家之中姑嫜妯娌與夫姊妹之間皆以恩義相維繫者也卽遠而親戚外而鄰里無不以愛敬相將以和睦爲事其或有恩衰義薄情淡誼疏者由於一心之間隔爲之也究其所以端自搬弄口舌始凡人有怨憤之言未必其皆相覿面則耳不親聽者心不生瞋無奈有搬弄之人或以姊妹之言而述於妯娌或以哥嫂之語而愬諸姑嫜又或無事閒遊從東鄰而學於西舍因隙致譖本近親而傳於遠戚其所指如親見其所述如面談鑿鑿可據歷歷堪聽其口舌可勝言哉婦人之性易於

爲喜亦易於爲怒稍不如意則意形於色情見乎詞者有之爲家人鄰里者宜止釁於未動或以理相勸或以情相諭可也胡爲乎口若刀劍舌奏笙簧致令門庭之內怨如山積骨肉之間互相戈矛親戚爲之反目鄰里因而樹敵吾不知何所取而樂爲此耶夫藤蘿繞樹樹倒則患及於藤蘿使一家一里之中羣然疑忌搆怨不止親戚反目鄰里樹敵我於其間得安坐而甯居者無是理也及至情節敗露事蹟昭彰將見姑嫜妯娌不相怨責而怨責撥弄之人親戚鄰里亦不相怨責而怨責撥弄之人矣自作冤首身爲罪魁而猶强口嘵嘵不爲怪也何婦人而無恥若此

## 家訓

葉瞻山 崇禎時官御史

一曰循禮聖人繼天立極莫大於禮歷來簪纓世胄初未有不以禮法起家者入其門雝雝肅肅秩如井如其興也勃焉驕淫矜侉怙侈滅義敗可翹足而待也閨門嚴整臧獲習勤習儉歲時伏臘祭祀必親必腆國課以時輸將約飭童僕不許酗酒宿娼擾害小民皆禮法中事

一曰持謙周易六十四卦惟謙卦六爻皆吉天道虧盈而益謙地道變盈而流謙鬼神害盈而福謙人道惡盈而好謙謙尊而光卑而不可踰江海為百谷王以其善下也故君子不欲

多上人。

一日存恕。君中貴公子某某。名並檮杌。少小與先岳嚴振吾公周旋。余一日問某公子狀。公曰。無他。只任意耳。余曰。止此耶。公正色曰。任意則不復顧人。不顧人。人必受其累。繇此推之。桀紂不踰矣。余爲竦然。昔辛憲英子辛琇從鍾會軍征蜀。憲英謂其子曰。行矣戒之。軍旅之間。可以濟者。其惟仁恕乎。琇竟以全歸。故恕字終身用之不盡。

一日從儉。家道寖昌。如春樹發花。初見蓓蕾。繼以暢茂。一朝爛漫。而彫謝隨之。始於儉。卒於奢。卒而零落。不可繼。自然之理也。家居百凡從簡。飲食尤不宜若流。親朋宴洽。不得踰六簋古人眞率會謂有三養清虛以養胃節嗇以養福省費以養財。

一曰擇交不知其人視其友語所謂與善人處如入芝蘭之室。久而不聞其香與不善人處如入鮑魚之肆久而不聞其臭家居須親近正人儉邪弗與親暱非止比匪之損兼防波累之禍。

一曰保身身體髮膚受之父母不敢毀傷孝之始也曾子亞聖臨深履薄竟此一生但得福壽康甯毋貽父母牽繫守身卽是孝親百凡寒暑飲食起居倍宜珍重沈湎冒色尤傷生之斧外遊風波暴客最宜愼防語云千金之子坐不垂堂

一日治生學以治生爲急卽既富方穀恆產恆心意也余曩昔處丁長孺先生之塾時具館穀先生囑曰毋浪費寘腴田幾許余笑而頷之先生曰以僕爲輕薄耶僕所期於公者遠公定是雲路中人俯仰無累可勵五紀之節也余敬謝教迺籍入年兢兢奉繩尺天涯遊子稍給饘粥無內顧憂先生之訓也前輩云貴莫貴於不自辱富莫富於能知足賤莫賤於思求人貧莫貧於不知生

## 家訓紀要

金　敞　字廓明武進人　有金闇齋集

畏庸俗之議反不畏聖人之言不自立腳根風吹草動便足喪

其膽而奪其氣矣。

汝近日思自立否。人不知自立。每欲恃人以爲固。未有不立見敗亡者。即如邑中某某。承父兄之寵榮。驕恣成性。自以爲磐石之安。一旦父兄卽世。寵榮衰落。外侮畢集。便顛蹶困頓。幾無以自存。乃知人不自立。雖以父兄之親。猶不可恃。況其外焉者乎。然則何以自立。曰崇德。修慝。辨惑。此自立之實也。

汝字來。知日用不給。誠爲憂懸。但汝須更念古人之窮十倍於我今日者多矣。當日曾有仰面於人者否。有希求一毫非義之財者否。有輕受人一絲一粟。以苟免一時之窮餓者否。念至此。則我今日尚得與妻子日謀三餐之飽者。果可以對古人否也。嘗作此觀。則上者當自生慚懼。下亦引以自安。而怨尤無聊之思。爲之釋然矣。

人一生第知多殖財以厚吾子孫。不知教之以義。使子孫亦但知有利之可好。以至於互相爭怨。無有甯息。人見其兄弟不睦。外侮畢至。禍敗侵尋。此豈其子孫之罪哉。

累世積德。乃生孝弟之子。此人世之眞福慶也。或問何以積德。答曰。積德亦孰有大於孝弟者。躬行孝弟。則吾之子弟所見所聞。無非孝弟之事。薰陶觀感。自有不期然而然者。此皆自然之理。卽今人動輒說天理二字是也。

房分雖有親疏。遡而上之。止一人之身耳。自一人之身視之。未嘗有親疏也。況又爲比屋而居者乎。嘗見婦人最見小。易生釁端。惟不聽其言。則和氣自生。

己一分病。作十分看。治童僕十分病。看不上一分。說甚學問。事涉風聞。影似。毒口點綴。唯恐不眞。尋常容止聲音。刻意倣摹。令成笑柄。君子當此。止有憂懼。若聞之以爲笑樂。以至轉相稱述。肆爲談資。則其自處之卑下可知矣。

前月孫先生書來。說汝言笑不苟。足見世德爲我慰。喜我思汝資性雖不甚劣。卻是安能便如此。此必汝亦曉得合是如此耳。若能依此行之有恆。不爲外物所誘。則將來亦可望漸有成立。只是不可有分毫要人道好之心。何也。聖賢敎人致謹

於容貌語默之間者。原是以內爲主。欲固其內。自不得不愼
持其外。不是單在外面做工夫。若單在外面做工夫。便是致
飾於外。務以悅人。則此中尙可問哉。此際關係甚大甚危。不
可不省。又曰。須知要人道好。亦是曉得合如此者也。此卽其
良知炯然不容自昧處。只恐爲要人道好。便至失其本心。
己有善。或形之言。或形之色。皆是看得己小。
誠慤方可讀書。百試百驗。
凡修己治人。存心應事之法。四書已說盡矣。先生旣與汝講過。
須實向自己身心上體驗。思我之所以與聖言背馳者。其病
安在。務將舊習痛自克治。使熟者漸生。生者漸熟。方見得汝

長進。若徒事訓解。以爲只要做八比不差。便了大事。無論八比決不能佳。卽以此立致顯榮。非汝父之所喜也。我冬抄決歸。看汝日用動靜之間。便知長進與否矣。

看聖賢書。不實求之於踐履。則書終與我無與。故有讀書到老。只是故吾者。殊可痛惜。吾今望汝讀書之意。汝旣知之。當思所以去汝故吾之法。卽此便是孝也。

嘗教汝作字。要使筆直而掌心虛。蓋直則所以出之者正。虛則便令筆有餘勢而不迫促。汝至今不改。或有時改之而不盡。皆緣執事不敬。故舊習不除。

所以欲求友者。欲輔成吾德耳。若工爲媚悅。導之驕逸。談人過

失鬪人骨肉誘殖貨利以叢汝之怨喪汝之志者其爲益汝耶損汝耶宜近耶宜遠耶唯汝自審之

凡人志向之邪正其根本皆植於童蒙之時蓋童子原以先入之言爲主敎之者須以孝弟忠信之事反覆講解日漸月摩使其天性自然開發故引而之於善也不難若以儇薄口語夸靡貨賄之習誘進而獎勸之則其知識漸啟必與善日遠與惡日近繇此而家庭舉成荆棘里黨視爲凶頑雖聖人復生亦無匡正之法矣可不畏哉

吾過嚴川見舟行上水艱苦異常因驗爲學之難有如此者口占二絕句寄汝舟子羣呼急水頭一篙稍緩卽隨流從來下

達偏容易說不休時早已休。舟子羣呼急水頭。悠悠那得破狂流。既知此處難中立。莫到難時又少休。汝宜時時念之。勿徒誦過便了也。

## 宗約

金　儆

昔人嘗言。今之相視如塗人者。其初兄弟也。兄弟之初一人之身也。嗟乎。此一人之身。卽吾與通族之人之本也。念至於此。則墟墓自不忍不愛護。歲時自不忍不祭祀。會宗族。自不忍不相敦睦。此誠以本之所在故也。況於父母為吾身所從出之本。當體卽是。舉眼卽是。不必遡而上之。而始為感動者哉今夫一草一木人愛之必先愛其根若根一傷無有不立萎者人亦猶是矣吾有身吾自愛之乃獨不愛吾身之根豈得爲愛身者哉且吾亦非一旦而遂有今日吾亦非一旦而遂知此身之爲當愛也必父母先愛之心血無限劬勞無限而始得吾有今日也一至吾有今日而父母之年已老矣前路已短縱然竭力奉事能得幾時爲子者每日擁妻抱子飽食安眠當思堂上老人又復去了一日妻可再續子可再生生身父母一去不復見上天下地尋覓無門不及是時盡心盡力孝養父母而又或至有夙恃驕養遂不知愛敬顯肆悖逆者其將何以爲人如有此等不論兄弟叔姪聽其愬之族長

分長各長察實。小則論戒。大則以家法懲治。尤甚則公首之官。

兄弟非他。卽父母之遺體。與吾同氣而生者也。人不忍忘父母。則見父母之手澤。與父母平日親厚之人。尙必爲之惻然動念。不敢輕蔑遺棄。況父母之遺體耶。每見近俗婚娶之後。兄弟多致乖睽。甚至自相戕賊。恬不爲怪。揆其所自。亦無他故。不過爲婦人之所漸漬。宵小之所搆鬬。或財產之有不均。求望之有不遂耳。不知婦妾羣小。本不識大義。財產身外之物。卽有厚薄。亦仍是厚吾一本之骨肉。與吾身原無彼此之別。何可聽信。以疏間吾天性之親。況君子好行其義。尙有讓宅於友朋施德於道路者豈吾兄弟曾朋友道路之不若耶至謂嫌怨有所自來終非旦夕可釋則凡兄弟之怨宜莫大於殺兄者矣古聖猶不以爲怨而忘其親愛則下此者又何足言哉吾與聖賢皆人也惟甘心以世俗薄惡自處遂謂古聖人不可學乃至自戕其本根而不顧眞可哀矣昔人嘗謂兄弟不睦則子姪不愛子姪不愛則羣從疏薄羣從疏薄則行路皆踖其面而蹈其心無救之者嗟乎此皆事之所已然目之所恆見者也其可不痛相懲戒自蹈此不祥之實耶且如吾有數子吾之所以教誨之願望之者自必以其能相友愛和樂爲愉快矣我不和於兄弟是即教諸子以不和也況子

因我之意必不能敬順於伯叔子既不敬順於伯叔則其漸亦將不敬順於我此實理勢之所必然者也薄汝兄弟卽是逆親各有兒孫須畱好樣諭戒再三而不悛各長議罰以隨之

一家有一家之名分循之則和以安違之則禍敗立見而不可救推之一族亦然蓋名分者人道之綱維未有綱維不立而猶得自存者也吾族數十年前老成林立尊卑秩然情意相孚搆爭鮮少故在鄉黨中號稱守禮之族後至風俗漸薄遂有以傲慢爲能事以剛暴爲快意少陵長卑犯尊者皆有之矣漸漬日深禮義之防不存而族亦果自此衰落以有今日

殊不思今日之少且卑者卽他日之長且尊者也我今日淩犯尊長則後日亦必不能免卑幼之淩犯繇此言之則毀蔑名分者究亦非所以自處況在鄉仍有公論在朝廷則有王法乎自今以始其各以禮法自飭共敦仁讓之行毋蹈惡轍自玷聲名至於爲之長者如有恃尊壓卑有侵奪負賴等事則仍聽卑幼之族長分長以憑從公分理儻不悛明徑以忿爭致犯則仍先正其犯上之罪而後理其曲直

禮云婦順備而後家可長久甚矣婦之所繫爲甚重也然婦多愚闇每見小不識理道須爲之夫者以嚴正率之勿信其言時以往昔孝讓之行與之解說勸導使其佐我承順親志和

輯家庭方可資其內助之益此夫之正也若聽其專制使之干預外政或信其猜閒因致同門失歡皆喪敗之道所當痛以爲戒者也

凡人無一定之恆業自必親非類之朋習爲邪僻之事故成家立訓者必以恆業爲先務也恆業耕讀爲上商賈次之工技又次之要得一業足以治生自守以終老不作非分之想爲鄉里善人足矣外此則有永禁者五一供役衙門則喪心最易造孽尤多即或稍有名目爲一時權利所集亦未有不旋被顯禍且貽後日子孫無窮之害者也一投充營籍氣習漸染自成凶類長損骨肉委身鋒鏑以刑戮爲飯食終俯仰之

無賴蓋本亡命者之所爲而非良善所宜廁足之地也一開場賭博見人之財而思所以奪之乃誘之使賭此種心術已與劫奪等矣又繇此蕩敗人之身家戕賊人之子弟禍根所結最深且遠故歷來聞見從未有以此而成家昌後者詎可不急相痛戒哉一屠宰物命事極慘酷報皆不爽而所關甚鉅害不止於一身者則尤莫如殺耕牛蓋牛之爲功於人也甚大人之殺其命以爲利也亦甚微而我之可以治生之途則又甚不一何苦偏殺其甚大之功之命以博其甚微之利且此亦每爲官府所禁犯之則私固徒飽夫猾胥公又無逃於刑憲而地方自此又每足以潛致奸黨則貽患爲尤不測

故業此者之果報其慘毒彰明多至不可勝紀念之悚然所當世以爲戒者也一擇術不正其大者莫如刀筆蓋刀筆之殺人也其伏機最險而流禍最烈究其初不過欲得一時之快意或並以此爲得財之計耳不知天之鑒覘不爽亦必以最險且烈者報之於其身以及其子孫不可不畏也其下者爲拳棍習之則多淩侮人之心又易與奸邪作緣愚俗以爲衛身而不知其爲殺身之道也更下之爲吹唱妨正業而蕩心志故君子遠之而勿聽況又躬治之也盡其精力衹足娛人是優之漸也有志者恥之矣至於更有下流自甘者若門皁等役若倡優等行若鬻身而爲奴僕若比匪而爲竊盜則

永不許入祠與祭終身不齒而倡與僕則譜削其名餘不削
者為欲存其後人故也。
訟之為害有四物力之來甚難積累辛勤無限訟則耗費百出
不能自主一也治生者一日有一日之事訟則廢事妨業生
計必誤俯仰奚恃二也喫得一分虧落得睡眠穩此昔賢語
也訟而負則不甘在我訟而勝則不甘在人讐怨相尋貽殃
匪細三也恆近正人則多福恆近不正人則生禍人未有不
畏禍而願福者也訟則傾險之徒勢必與之相接一與相接
則自此之後或遠之或近之皆足以為患四也故保家者必
學忍非忍人也忍己而已矣本族中如有小忿及財產不明

之類俱宜恕之族長分長聽其從公分處如果情理不協處分難決方聽告官究理如未經徧懇處分徑自呈告者公議罰銀入祠公用至與異姓有爭亦宜先懇之公親聽其調處如果情理難堪非調處之所能平或有奇冤異枉不得不鳴本族仍宜酌議量助以見同患之義儻有不肖反佐異姓以戕我同宗者各長察實會同通族扭赴祠堂以家法懲治

古者酒以成禮今則酒以發禍蓋古則謹而有節今則肆而無度故也范魯公戒子箴曰戒爾勿崇飲狂藥非佳味能移謹厚性化作凶頑類月川亦有句云養性勿貪昏性水成家宜戒破家湯誠畏其禍我也近里中宴會每謂不醉則主有吝

名而容亦不歡及醉則詬爭旋起而怒生焉是不醉不歡醉亦不歡也不知不醉之不歡則猶能自制至醉之不歡則欲制而不能矣且從此是非蜂起展轉糾結或至成讐搆訟積歲不解皆酒致之也浦江鄭義門家規子孫年未三十酒不許入脣壯者雖許少飲但沈醉喧呶者箠之諸婦不許共飲年過五十始聽敎家者宜以爲法外此則更有二戒一曰惟賓饗以日自飲則酉戌二時爲限毋白晝懼廢事毋長夜懼損神且虞變焉二曰市可沽不可飲也囂且雜則尤易叢故保德者遠之矣

家之興敗第視夫子之賢不肖而已矣何以謂之賢敦重彝倫

安分循禮義能讀書勤儉寬仁好親近君子者是也何以謂之不肖不孝不悌無忌憚刻薄險狡作事喜侈大不以不學問爲恥不務本業畏見正人者是也然則子之賢不肖何以相去如此之遠亦曰其父教之而已矣然則父之於子無不願其賢而惡其不肖賢者教之豈不肖者亦教之耶曰教不同有善不善焉善者必正之於蒙節其衣食戢其喜怒而不使之順與縱也教之敬謹慈愛尊古法恆下人教之重廉恥信行教之習苦知稼穡艱難非徒口之且身以示之如此而子之不賢者鮮矣若夫不善者從其欲以爲愛覩其詐日新則竊喜以爲能長則教之嗜利教之爭勝淩物教之行險教

之不信亦非徒口之且身以示之如此而子之賢者鮮矣故一則鄉黨宗族愛敬之祖先神明亦必喜樂而佑助之禍患不作和氣薰積福將以類而至欲其家之不興不可得也一則鄉黨宗族痛疾之祖宗神明亦必怨怒而譴責之骨肉不親戾氣薰積禍亦以類而至欲其家之不敗不可得也然則今之教子者教之作家教之工文章皆善矣胡以其子不皆賢而其家不皆興也曰所謂教之善者亦在正其人而已矣賢不賢原係於其人不係於作家與工文章也其人賢則家雖貧或不能文章其興也可必其人不肖則其能作家與工文章皆適足以成其惡而速其敗若此者指蓋不可勝屈也

故願教子者自思而審擇焉

伊川先生嘗言凡人家法須月爲一會以合族族有吉凶嫁娶之類更當相與爲禮使骨肉之意恆相通此誠敦本厚俗之良法也然愚竊謂族人既衆月會太煩費無所出勢自有所不能若一年之中定爲四會會有輪主有定期每人出銀三分三日前付之至期辰而集就會所舉行鄉約講解六諭畢始會食一席六坐葷素六器酒十行爲率輒飯而散如此則會更有益且亦簡而可繼至婚喪諸事惟族之貧者始應公助舉行者須於半月前聞之族長族長按名分發知單每人助婚者銀三分喪葬者銀五分儻以本家貧極更有好義加

厚者聽不及富者以富者止宜就親近者相與為禮可不必徧也公賻則婚喪之家不召識止於事畢後造謝助者相與為禮則不然

宗範

金敞

千罪百惡皆從傲生傲則自高自是不肯下人至不肯下人則無不集之禍

不近正人則惡日長而我不知

學喫虧三字最是討便宜法人不知也

莫不祥於不安分如幼不肯事長不肖不肯事賢與一切好為

侈大皆是。

小有才而又剛愎自用，覆亡有餘矣。故上者能學問以進德，德進則才自斂；次亦須先識時務。

閨門中少箇禮字，便天翻地覆，百禍千殃，皆從此起。故治家之道，與其過寬，甯過嚴。雖覺防範太過，無寬裕氣象，終則吉。故家將興，父子夫婦，皆濟濟有禮，於肅正之中，自然雍睦。一寬縱太過，則父不父，子不子，夫婦不成夫婦，亂倫敗度，無所不有，乖爭淩犯之風，反自此起矣。

每事節儉，卻須得中，使大體不失，尤宜體恤下情。若過刻，亦非家之福也。

幸有贏餘。即當思有以及物。在天道可免惡盈。在人情亦足寡怨。

兒女輩。常使之拳拳曲曲。言動必有警畏。到年長得以自專。尚不可知。若使之快意適情。是殺之也。此父母所當知也。

教子者先宜去其傲心。養其謙德。使能溫恭退讓。行無邪僻。雖終身韋布。亦不失爲克家之子。苟不知謙順。好自高大。縱使發科取第。才名蓋世。適足以招尤買禍。非全身保家之道也。

教子弟如養閨女。最要嚴出入。謹交遊。忠定謂子弟甯可終歲不讀書。不可一日近小人。

子之不肖。爲母護蔽縱成者。十居七八。故教子者尤不可不使母知此。

爲子孫作富貴計者。十敗其九。爲人作善方便者。（爲人作善方便者。他本作爲子孫作方便計者。無其後二字。）其後受惠無窮。勤儉安分。敬畏樂善八字百世無弊。

天下無不是底父母。蓋爲天下無不愛子之父母。無有不是也。

惟子能誠孝純一。則父母自格而悅樂矣。

居室嚴整。去媟狎之習。肅內外之防。是所以有別也。

害莫大於婢子造言而婦人悅。婦人附會而丈夫信。

孝傳第一書

張鵬翼 西充人。崇禎中由選貢生授衡陽知縣。張獻忠逼衡州。巡撫王聚奎以下皆遁。鵬翼獨守空城

城陷投江死
妻子亦從難

論曰親生我養我也我慕我愛無可解於終身也妻匹我事我也我慕我愛亦無解則情分而孝衰矣然則妻不當愛與曰妻隨夫轉夫云亦云則合愛同敬以悅親此其妻可愛也夫隨妻轉妻云亦云則棄禮徇私以咈親此其人不謂之樂妻孥而謂之私妻子矣世俗每每蹈之可哀也

二帝三王制養老之禮至今遵之所以教民孝也若曰高年之翁朝廷且尊重焉吾爲人子孫可不知敬然孝非徒養口體也父母食肉妻子亦食肉則尊同於卑父母三牲賓朋亦三牲則親同於疏父母果腹犬馬亦果腹則貴同於賤貧子與

富子均養則父母一日飽一日飢賤子與貴子分養則父母一日煖一日凍養志者急急反而思之可也

尊親之至莫大乎以天下養盡天下之物羅以奉吾親方快意也但禮有所制不得不可以爲悅勢有所屈無財不可以爲悅耳禮所得爲而不違勢所能爲而不吝是之謂能竭其力賓客斯須之敬也年高日暮亦斯須之客也可不敬歟貲財父母之所惜也吾又惜貲財而不惜父母何其悖也兄弟同胞之人也吾惜貲財苛索兄弟以事親不大謬乎愛子自至情也吾子乘肥馬吾親杖荷蓧於禮安乎念之哉養生送死俱當備物以盡志

最是庸陋齷齪之夫趁辛苦錢買喫虧菜父緼袍而子衣帛姑荊布而婦釧釵不知教誨養成忤逆徑將長子分出獨與幼居後或添丁又將幼子分出獨與尾子居前十年爲長子馬牛又十年爲幼子馬牛又十年爲尾子馬牛貧則諸子坐視其餓瘁富則諸子瞰爭其錢穀而老馬牛溘然死矣嗟乎一死何足哀而風俗爲之壞矣

孝行庸言

李雍熙字淦秋濟南長山人有警心錄

妻與妾皆內助也言有善當從之但婦人賢淑少而愚暗多或悍妒不仁或巧語徵中否則嬌癡取憐以行其貪忌男子剛

腸者能幾人或畏而不敢不聽或憐而不忍不聽或漸漬日久而不得不聽一有偏聽必生厭棄一有厭棄必生嗔怒妻固當之而不平妾亦處之而難堪小而一家離心大則立取禍敗爲丈夫者必剛正自持確有定見不爲一偏之言所惑庶一家和平上下無怨妻妾相安而親心亦安矣

世有一種人入富貴之家言不敢言坐不敢坐伺眉宇爲語默觀意向爲動止雖狎戲侮玩彼借以爲榮甚至與奴僕輩提手覿面而不以爲非獨不思此身爲父母所生日望其豎立乃甘心不肖寡廉鮮恥至此耶又或親近印官阿諛逢迎結交胥吏如手如足狐假虎威彈壓鄉曲意氣揚揚自覺生色

殊不知諂媚固屬敗類禍患亦所不免既入是非之場難辭牽連之累又或阿附權貴以圖捷徑夫福我者卽能禍我儻意嚮一移將不可測且爭强取勝同列傾陷勢所必至況權貴一日失勢將不自保究且與之同盡豈不哀哉故士君子立身甯失之迂勿失之捷甯失之拙勿失之巧不降其志不辱其身庶不至使人指爲某某之子也

孟子曰中也養不中才也養不才故人樂有賢父兄也每見父兄之於子弟或悠悠而不知教或溺愛而不肯教或假爲巧飾以沽美名或覓人代作以邀虛譽否則督責過嚴而無自得之趣或求效太急而無循序之功或見其難進而不爲曲

成或惡其愚頑而任其曠廢抑思父兄之於子弟何等關切而令如是故爲父兄者必委曲詳勉以率其子弟而子弟亦謹守教誨以奉其父兄日漸月摩迄於有成所謂養也若子弟愚鈍樸魯則令其恪遵規矩如其倜儻不羈則令其韜藏收歛至於佻達恣肆之流則不得不嚴其懲戒天下有賢父兄何患無賢子弟哉

男女授受不親叔嫂不通問禮也故家法必修幃薄僕非呼喚不得輕入婦女無事不得外出顏氏家訓謂江東婦女略無交遊其婚姻之家或十數年不相識唯以信命贈遺致殷勤焉靑兗之交山居僻處婦女皆荊布婚媾家老死不相往來

頗有古風儻能踵此以肅家庭復嚴禁三姑六婆之類不得聽其出入卽整肅閨門之要道也

甚矣鄉宦之易以滋害也主人一鄉宦幾家人幾鄉宦也甚至家人之家人親戚皆鄉宦也往往鄉紳之家父子卯酉兄弟吳越族屬怨痛親戚叛離鄉曲飲恨吞聲皆因家人逆探主人性情顚倒齒頰而主人不悟也不知先世積幾許陰德寒窗耐幾許苦心始得博此科第而輕敗壞於無知之惡僕不惟有害己身亦獲罪先人矣且我今日失勢彼明日另投豪門睥睨欺淩目中卽無故主此歷歷親見者也有深謀遠慮者安可不防微杜漸以培自己元氣和桑梓而長子孫哉

## 訓子俚言

吳粹升 爵里未詳

家道之廢興與鐙火明滅一般。家道非積德不興，鐙火非添油不明。吾祖積德，若添油然。油頻添，故鐙火常明，留所不盡，以照後人。我輩不特不添，反從而挹取之，又從而傾覆之。油既立盡，鐙亦隨滅，又安望其謀及後人也哉。故現在之福，得之祖宗；將來之福，還須自造。禹湯文武以積德興，桀紂幽厲不善繼述，惟惡是作，遂至身死國亡，爲天下笑。乃知大聖人之後，尙不得恃祖宗之德以放恣，而況於他乎。

諛者，爲己而有損於人者也。直者，爲人而無利於己者也。果爾則諛直賢不肖之相去彰彰矣乃天下每好諛而惡直何居蓋爲己則有所求於人而惟恐人之不適於意故凡所以從其欲者無不至爲人則無所利於己而惟恐人之不進於善故凡所以拂其欲者亦無不至此其居心之公私不同而操術之枉直亦異也請得而狀其槩蓋諛者脅其肩而直者持之以莊諛者諂其笑而直者守之以默諛者之腰常曲直者挺之使不屈諛者之恭常足直者節之使不勞諛者之容舒而直者常嚴諛者之色喜而直者常厲諛者之聲低而直者高諛者之氣下而直者上諛者之言曲以婉而直者勁而疾諛者投人以易而直者責人以難諛者是其所非而直者非

其所是諛者夭桃逞媚而直者孤松挺節諛者春風秋露而直者烈日嚴霜諛者肥膩若脂膏甘鮮若飴蜜而直者連膽苦其口薑桂辣其舌嗚呼此公直之所以不克見容而諂諛之所以日進也好諛惡直有由來矣雖然好惡如是取捨如是有國者亡其國有家者亡其家稽之於古未之或爽也

示子

魏際瑞原名祥字善伯一字伯子甯都諸生值壽變以說滇逆將降爲所害

凡事不得大意如隨鐙行路只步尺寸之光所過阡陌坊衢曾然不識雖身歷之如未到也

文

信陵君爲侯嬴御車嬴乃曰吾之爲公子亦足矣王生令廷尉結襪曰吾無以報張公以此報之汲黯不拜大將軍乃曰大將軍有揖客顧不重耶古人施者受者是何見地是何胸次今人稍得尺寸或席門地之餘輒自驕倨雖有道義休戚之人莫進一言卒之身敗名滅徒使便辟側媚者飽騰而去不已昧乎

示兒輩

魏　禧　字永叔亦字叔子甯都諸生與兄祥弟禮皆以文名

少年人無志氣者甘於庸下事事讓人出頭有志氣者便自是好勝事事要自己出頭甚有寧甘庸下而意氣虛憍淩人傲物終其身爲絕物可不戒哉

略己而求備於人者是明明以君子讓人自己甘爲暴棄此俱是待他人厚待自己薄處

度德量力能自安退亦須有剛德彼强不知爲知强不能爲能者總是無力量當下按不住

聽言之道氣不虛則善言不得入心不細則義味不得出如唯唯諾諾一槩是聽是與不聽等矣且友之觀我於所規之弊歲月如故則良言自阻奚待聲音言色而始爲拒諫哉

我不能容人謂之無度量我爲人所容謂之無志氣若不能容人便致爲人所容習而不察養成暴戾終當人不容我而災害至矣

凡傍理弊病多不能輕易除去葢雖知此處是病卻因此理在
文覺有許多好處便不肯極力消克或反護之所以漸深愈
長如遇此等只緊提著病處且將理放在一邊務必克去病
既克去我此理豈不完全無瑕若於病中推出道理雖無半
毫借理解釋不覺已爲他設籓籬眞輔弼後雖立意除之不
易得矣且既得弊病又爲他推原當下已放空一步

處亂世能喫虧是大便宜能受苦是大安樂能平氣是大力量
能散財是善聚守

好財之心於與人處可見好名之心於譽人處可見好勝之心
於讓退處可見惟自知之當自察之

## 治家格言

朱用純 字致一江南崑山人學者稱柏廬先生有魏誥集其治家格言世多傳誦誤爲晦庵朱子作

黎明卽起灑掃庭除要內外整潔既昏便息關鎖門戶必親自檢點一粥一飯當思來處不易半絲半粒恆念物力維艱宜未雨而綢繆毋臨渴而掘井自奉必須儉約燕客切勿留連器具質而潔瓦缶勝金玉飲食約而精園蔬愈珍羞勿營華屋勿謀良田三姑六婆實淫盜之媒婢美妾嬌非閨房之福奴僕勿用俊美妻妾切忌豔妝祖宗雖遠祭祀不可不誠子孫雖愚經書不可不讀居身務期質樸訓子要有義方勿貪意外之財莫飲過量之酒與肩挑貿易毋佔便宜見貧苦親鄰須加溫恤刻薄

成家。理無久享。倫常乖舛。立見消亡。兄弟叔姪。須分多潤寡。長幼內外。宜法肅辭嚴。聽婦言。乖骨肉。豈是丈夫。重貲財。薄父母。不成人子。嫁女擇佳壻。毋索重聘。娶婦求淑女。勿計厚匳。見富貴而生諂容者。最可恥。見貧賤而作驕態者。賤莫甚。居家戒爭訟。訟則終凶。處世戒多言。言多必失。毋恃勢力而陵逼孤寡。勿貪口腹而恣殺生禽。乖僻自是。悔誤必多。頹惰自甘。家道難成。狎昵惡少。久必受其累。屈志老成。急則可相倚。輕聽發言。安知非人之譖愬。當忍耐三思。因事相爭。安知非我之不是。須平心再想。施惠無念。受恩莫忘。凡事當留餘地。得意不宜再往。人有喜慶。不可生妒忌心。人有禍患。不可生喜幸心。善欲人見。不是眞善惡恐人知。便是大惡。見色而起淫心。報在妻女。匿怨而用暗箭。禍延子孫。家門和順。雖饔飧不繼。亦有餘歡。國課早完。卽囊橐無餘。自得至樂。讀書志在聖賢。非徒科第。爲官心存君國。豈計身家。守分安命。順時聽天。爲人若此。庶乎近焉。

# 課子隨筆鈔卷四

儀封張又渠先生輯

河內夏錫疇鈔錄

## 訓子語

張履祥號考甫一號楊園又字念芝浙江桐鄉人有張楊園全集行世○按先生從祀孔庭

易曰積善之家必有餘慶積不善之家必有餘殃又曰善不積不足以成名惡不積不足以滅身人之爲善修其孝弟忠信只是理所當爲其不爲不善亦由此心之良不敢自喪以淪入禽獸非欲儌福慶於天也然論其常理吉凶禍福恆亦由之積之之勢不可不畏也涓涓之流積爲江河星星之灼燎

於原野其始至微其終至鉅父子兄弟心術念慮之微夫妻子毋幽室牆陰之際勿謂不足動天地感鬼神也天地鬼神不在乎他在乎吾身心而已善則和氣應不善則乖氣應輕重遲速等於桴鼓人自弗覺耳古稱明德馨聞穢德腥聞總非朝夕之故是在辨之於早

凡做人須有寛和之氣處家不論貧富亦須有寛和之氣此是陽春景象百物由以生長所謂天地之盛德氣也若一向刻急煩細雖所執未爲不是不免秋殺氣象百物隨以凋殞感召之理有然天道人事常相依也○刻急煩細與整齊嚴肅不同整齊嚴肅是就綱紀名分而言凡尊卑大小親疏內外

截然不可假易是也正如四時寒暑節序各殊而元氣未嘗不流行於其間也

做人最忌是陰惡處心尚陰刻作事多陰謀未有不殃及子孫者語云有陰德者必有陽報德有凶有吉吉報不當希望於天凶報可不懼乎先人有言存心常畏天知吾於斯語夙夜念之

士爲四民之首從師受學便有上達之路非謂富貴也富貴貧賤一時之遇豐約通塞定命不可違若賢士君子則人人可爲讀聖賢書愚者因之以智不肖因之以賢學之既成處有可傳之業出有可見之功天爵之貴無踰於此所以人自愛

其身惟有讀書愛其子弟惟有教之讀書人徒見近代遊庠序者至於飢寒衣冠之子多有敗行遂以歸咎讀書不知末世之習攻浮文以資進取未嘗知讀聖賢之書是以失意斯濫得志斯淫爲里俗羞稱爾安可因噎而廢食乎試思子孫既不讀書則不知義理一傳再傳蚩蚩蠢蠢有親不知事有身不知修有子不知教愚者安於冥頑慧者習爲黠詐循是以往雖遠禽獸不遠弗恥也一世廢學不知幾世方能復之足爲寒心然則詩書之業何可不竭力世守哉

近世以耕爲恥只緣制科文藝取士故競趨浮末遂至恥非所恥耳若漢世孝悌力田爲科人卽以爲榮矣實論之耕則無

遊惰之患無飢寒之憂無外慕失足之虞無驕侈黠詐之習思無越畔土物愛厥心臧保世承家之本也但因而廢學一任蚩頑則不可耳

人無論貴賤總不可不知人知人則能親賢遠不肖而身安家可保不知人則賢否倒置親疏乖反而身危家敗不易之理也然知人實難親之疏之亦殊不易賢者易疏而難親不肖者易親而難疏賢者宜親驟親或反見疑不肖者宜疏因疏或至取怨所以辨之宜早略舉其要約有數端賢者必剛直不肖者必柔佞賢者必平正不肖者必偏僻賢者必虛公不肖者必私繫賢者必謙恭不肖必驕慢賢者必敬慎不肖必

恣肆賢者必讓不肖必爭賢者必開誠不肖必險詐賢者必特立不肖必附和賢者必持重不肖必輕捷賢者必樂成不肖必喜敗賢者必韜晦不肖必表襮賢者必寬厚慈良不肖必苛刻殘忍賢者嗜慾必淡不肖勢力必熱賢者持身必嚴不肖律人必甚賢者必從容有常不肖必急猝更變賢者必見其遠大不肖必見其近小賢者必厚其所親不肖必薄其所親賢者必行浮於言不肖必言過其實賢者必後己先人不肖必先己後人賢者必見善如不及樂道人善不肖必妒賢嫉能好稱人惡賢者必不虐無告不畏彊禦不肖必柔則茹之剛則吐之若此等類正如白黑冰炭昭然不同舉之不

盡總不外公私義利而已世謂知人之明不可學予謂雖不能學實則不可不學也中庸言知人不可以不修身而修身又不可不知人二者相因得則均得失則均失人苟能爲知人之學庶其無殆矣乎

兄弟手足之義人人所聞其實未嘗深體力求故泛泛然若萍之偶合也紛紛然若鳥獸之各散也盍思手足二體持必均持行必均行適必均適痛必均痛偏廢必弗甯駢枝必兩礙不言而喻無所期而然是以爲分形連氣也方其幼時無不相好及其長也漸至乖離古人謂孝衰於妻子孝衰悌因以俱衰人能長保幼時之心勿令外人得以傷吾肢體庶可永

好矣世人嘗言一人不能獨好意將歸惡兄弟也即此一言不好情形盡見果然一人獨好同父母之人安有不好之理乎

古者父母在不有私財蓋私財有無所繫孝弟之道不小無則不欺於親不欺於兄弟大段已是和順若是好貨財私妻子便將不顧父母而況兄弟不孝不弟每從此始近世人子多有父母在而蓄私財及父母在而結私債均是不肖所爲甚或父母以偏私之心陰厚以財與不恤其苦啟其手足之釁爲害尤大

骨肉搆難同室操戈天必兩棄從無獨全之理蓋天之生物使

之一本本立則道生根傷則枝槁未有根本既傷而枝葉如
故者其有或全必其弱弗克競而深受侮虐者也
古人有言婦者家之所由廢興也今日訂婚既早婦之性行未
可預知世教久衰閨門氣習復難深察娶婦賢孝固爲幸事
若其失教在爲夫者諄復教導之爲舅姑者詳言正色以訓
誡之娣姒先至者亦宜款曲開諭使其知所趨向久而服習
與之俱化矣不可遽爾棄疾坐成其失也教婦初來今日新
婦他日母姑如何忽諸
婦之於夫終身依託甘苦同之安危與共故曰得意一人失意
一人舍父母兄弟而託終身於我斯情亦可念也事父母奉

祭祀繼後世更其大者矣有過失宜含容不宜輒怒有不知宜教導不宜薄待詩曰如賓如友賓則有相敬之道友則有滋益之義狎侮可乎惟夫驕恣妒悍不順義理欲專家政禍敗門風者爲不可容恕耳

女子小人之言不可聽非必其人處心積慮欲爲人患也由其所見淺小或其性習偏乖雖欲效忠適足僨事若更主人偏聽不免曲意逢迎爲害遂大所以家庭造次之言最當愼聽

人情乖異不在乎大多因積小而成如乾餱之愆言語之傷最足釀隙若更以小人間之彼此讒搆遂至不解故謹言語接燕好古人於此蓋有深意也

宗族鄉鄰不和不一必是在我處之不盡其道但可責己不可尤人

鄰里鄉黨與吾先世室廬相接行輩相差婚姻慶弔世世弗絕誼本厚也其有强盛情固樂之益宜內懼而思自勉其有憂患即不能恤忍利之乎擔石升斗以通有無不可虛也或以田宅來售者勸止之不得已則宜厚其價值而受之以寓相周之意然田可也宅終不可宅售則將舍茲而他適何以爲情若其後人或其同宗兄弟欲復此產仍受原值歸之亦以爲好豈不甚快書曰人惟求舊舊可懷也薄俗之習窮約則眈眈思攫惡人所有貴盛則勢陵利誘曲肆并兼貽謀弗臧

無往不復天道殊不爽也。

先王分土授田一夫無失其所凡有勞事只使子弟爲之未嘗有僕役也觀論語有事弟子服其勞及子適衛冉有僕可見王政不行人民離散貧無依者勢不得不服役於人以生是以家力有餘子弟不給使令者養人以資其力久矣爲天下之通義也但當善待之不可横加淩虐陶公曰彼亦人子也先須開以爲善之路示以資生之方必其不堪扶植與屢不用命者然後去之苟無大惡亦宜寛宥不可求之太過責之太深使人無所容足也彼輩無知者固多然其必不可化導要亦無多至其子孫實爲不幸非由自己作之放遣可也天

子臣妾焉方宿欲視民如子士庶之家牛羊犬馬待人不畏獲罪於天乎

賓客至誠敬以待之當內外如一若女子小人得罪長者主人不察之罪也世竟有陰令若輩爲之自託於不知者爲鬼爲蜮蓋無不至欲免禍敗得乎

墳墓祖居田產書籍四者子孫守之效死勿去斯爲賢矣必不得已田產猶可量棄書籍必不可無無產止於飢寒無書人不知義理與禽獸何異況死生有命果是能知義理亦未必飢寒而死也

屋室祖宗所遺足以安居宗族聚於斯墳墓託於斯子孫守之

敝則略爲修葺無俟增置更造也增造由於迫隘難居去鄉
因乎勢不得已苟慕華侈誇壯麗非天理矣蕭相國云後世
賢師吾儉不賢無爲勢家所奪李文靖公云居第當傳子孫
二公功名蓋世貴極人臣所見如此何論窮居無德之人哉
書籍惟六經諸史先儒理學以及歷代奏議有關修己治人之
書不可不珍重護惜下此則醫藥卜筮種植之書皆爲有用
其諸子百家近代文集雖無可也至於異端邪說淫辭歌曲
之類害人心術傷敗風俗嚴距痛絕猶恐不及況可貯之門
內乎凡書籍自己所有不可散失若他人簡冊掩爲己有與
穿窬何異戒之戒之若繫先代所遺及祖宗手澤片楮隻字

皆當敬守。不可輕出。以致脫失。

人之享用。必視乎德。富貴福澤厚吾之生。惟大德爲克勝之。德薄則弗克勝。爲至無日矣。貧賤憂戚玉汝於成。惟修德可以逭災。恐懼可以致福。通計天下之人。苦多於樂。人之一生。亦當使苦多於樂。只看果實。未來甘者。先必苦澀酸辛。其淡者已絕少矣。蓋五行之生理。實如此。初水。次火。次木。次金。次土。甘只一味。最在後。是以始於苦者。常卒於甘。未有終始皆甘者。人當困厄之日。不可怨天尤人。當思動心忍性。生於憂患之意。若遇適意。不可志驕氣滿。當懷慄慄危懼。將墜深淵之心。

人當富足若於屋舍求其高大器物求其精好飲食求其珍異衣服求其鮮華身沒而後卽不免於飢寒矣所常也然多有不足沒身者蓋奢侈固難貽後盈虛消息又天道之常果其力之有餘便當推以與人晏平仲一狐裘三十年三黨之親無不被其祿者齊國之士待以舉火者尤眾儉以奉身而厚以及物此意可師也薛文清公云惠雖不能周於人而心當常存於厚則又不問貧富皆宜以是爲心矣

人家不論貧富貴賤只內外勤謹守禮畏法尙謙和重廉恥是好人家懶惰耽廢業恣肆則近刑淫佚則敗門戶喪身亡家蔑不由此

子弟樸鈍者不足憂惟聰慧者可憂耳自古敗亡之人愚鈍者十二三才智者十七八蓋鈍者多是安分小心敬畏不敢妄作所以鮮敗若小有才智舉動剽輕百事無恆放心肆己而克有終者罕矣

風俗囂陵人情險薄非理之加恆自意外其在宗族親戚但可消弭切勿與競以釀蕭牆之禍若鄉黨鄰里苟能平心降氣以處之曲直是非自有公論亦不必與之爭也古人有言可以理遣或以情恕率此行之庶乎少事矣

所謂故家舊族者非簪纓世祿之謂也賢士大夫固為門戶之光若寡廉鮮恥敗壞名檢適為家門之累況偶至之榮比之

浮雲朝露。當其得之。不足恃以爲常。及其失之。幷與先世俱盡。所以家之興替。全不繫乎富貴貧賤。存乎人之賢不肖耳。貧賤而好修飭。行興隆之道。富貴而縱恣背理。敗亡之轍也。

呂東萊先生曰。大凡人資質各有利鈍。規模各有大小。此難以一律齊。要須不失故家氣味。所向者正。（凡聖賢前輩學問操履。我力雖未能爲。而心嚮慕之。是謂所向者正。若隨俗輕笑以爲世法不須如此不當如此。則所向者不正矣。）所存者實。（如己雖未免有過。而不敢文飾遮藏。又如處親戚朋友間。不敢不用情之類。）信其所當信。（謂以聖賢語言前輩敎戒爲必可信。而以世俗苟且便私之論爲不可信。）恥其所當恥。（謂以學問操履不如前輩爲恥。而不以官職不如人。服飾資用不如人。巧詐小數不如人爲恥。）持身謙遜。而不敢虛驕。遇事細審而不敢容易。如此則雖所到或遠或近。要是君子路上人也。

子孫苟能佩服此訓君子路上人多培植得幾輩家世安得不縣長門戶甯別有光大乎正蒙云子孫賢族將大未有子孫不賢家族不至傾覆者

人家得富貴子孫未必非不幸得賢子孫乃爲幸事子孫苟賢富貴固可以振起家世卽使終身貧賤亦能固守家風延及苗裔若不賢者貧賤旣易辱及祖先一旦富貴驕淫放佷舉宗均受其敗可爲寒心也吾見亦衆矣不忍舉而爲鑒耳

人家不論大小總看此身起此身正貧賤也成箇人家富貴也成箇人家卽不能大好也站立得住若是此身不正貧賤固不成人家富貴越不成人家無論悖常逆理禍敗立至卽幸

而未敢種種醜惡爲人羞恥不可言矣所以修身爲急教子
孫爲最重然未有不能修身而能教其子孫者也
凡人從幼至老只有擇善一路終身由之無窮盡無休息心非
善不存言非善不出行非善不行以至書必擇而讀人必擇
而交言必擇而聽地必擇而蹈小大精粗無不由是論語曰
擇其善者而從之其不善者而改之又曰見賢思齊焉見不
賢而內自省也又曰見善如不及見不善如探湯聖人諄復
示人之意切矣在家在外總無不與人同處之理一與同處
薰炙漸濡勢必相入所與善進於善所與不善進於不善可
畏也已有不善固當速改不可因以害人人有不善尤宜痛

戒何可使其累我成湯聖人猶然檢身若不及改過不吝顏子大賢只是不貳過得一善服膺而弗失若乃見善不遷有過不改甚或善惡倒置好惡拂人飾非使詐怙惡不悛災己辱先民斯爲下而已父母愛子雖云無所不至如此等人豈願有之乎

忠信篤敬是一生做人根本若子弟在家庭不敬信父兄在學堂不敬信師友欺詐傲慢習以成性望其讀書明義理向後長進難矣

欺詐與否於語言見之傲慢與否於動止見之不可掩也自以爲得則害己誘人出此則害人害己必至害人害人適以害

己人家生此子弟是大不幸戒之戒之戊申春季書

袁氏家訓 原書未著作者姓字

范忠宣公戒子弟曰恩讐分明此四字非有道之言也無好人三字非有德之言也後生戒之 按此條出呂氏集非范忠宣公語

鼎範云尊長前必須恭謹他日子弟待汝亦猶是也若夫笑傲放恣語言輕狂坐立失次必有報者在目前也

陽明先生示子王正憲訓詞一首其詞曰今人病痛大段是傲千罪百惡皆從傲上來傲則自高自是不肯屈下人故爲子而傲必不能孝爲弟而傲必不能悌爲臣而傲必不能忠象之不仁丹朱之不肖皆只是一傲字便結果了一生做箇極

惡大罪的人更無解救得處。汝曹爲學。先要除此病根。方才有地步可進。傲之反爲謙。謙字便是對證之藥。非但是外貌卑遜。須是中心恭敬。撙節退讓。常見自己不是。眞能虛己受人。故爲子而謙。斯能孝。爲弟而謙。斯能悌。爲臣而謙。斯能忠。堯舜之聖。只是謙到誠處。便是允恭克讓。溫恭允塞也。汝曹勉之敬之。其毋若伯魯之簡哉。

諺有之曰。富貴怕見花開。此語殊有意味。言已開則謝。適可喜正可懼爾。今有方値豐盛。便生驕溢。喜延賓客。屢賞過飭。婚喪有樂。聲容沸騰。傾動僕隸。服食珍麗。整齊勝絕。鄉邦光映門戶。蓋謂是矣。夫無德富貴。謂之不祥。宜急懼恐。何暇誇侈

其他凡屬逞衒咸此類耳子孫有是眞惡消息亟加斂抑差緩傾敗若約而爲泰時屈舉贏則旦夕覆亡之道也

起家之人見所作事無不如意以爲智術巧妙如此不知命分偶然志氣洋洋貪取圖得又自以爲能久遠不可破壞豈不爲造物者所竊笑蓋其破壞之人或已生於其家曰子曰孫朝夕環立於其側者皆他日爲父祖破壞生事之人恨其父祖目不及見耳前輩有建第宅宴工匠於東廡曰此造宅之人宴子孫於西廡曰此賣宅之人後果如其言近世士大夫有言目所可見者漫爾經營目所不及見者不須置之謀慮此有識君子知非人力所及胸中何如寬泰

與剛直人居心所畏憚故言必擇行必謹初若不相安久而有益多矣與柔善人居意覺和易然而言必予贊也過莫予警也日相親好積尤悔於身而不自知損孰大焉故美味多生疾疢藥石可以長年

與善人交有終身了無所得者與不善人交動靜語默之間亦從而似之何耶人性如水爲不善如就下故易安可不擇交

## 居家格言

顧三英（爵里未詳）

語云有好子孫方是福無多田地不爲貧好與不好只爭箇教與不教世上那箇生來就是賢人都是教訓成的那箇生來

就是惡人都是不教訓壞的也有大姓人家的子孫辱門敗戶也有貧賤人家的子孫立身揚名可見全在教訓人生一世子孫是後程子孫不好任爾有天大的事業總無交割就是手藝人家也要一箇接代的兒孫所以人家子孫教訓是第一要緊每見人家祖父愛子孫定要好食與他喫好衣與他穿獨不思喫慣穿慣了好的便不知撙節賣田賣地都從這裏來又見人家祖父疼子孫儘他要的把來與他儘他惱的替他打罵出氣獨不思順從他慣了必至自縱自由擅禍生事奸盜詐僞玷辱祖父那時節雖悔也遲了從此一想子孫如何可以不教但教訓有箇方法夫人只曉得望子孫强

過人不肯教子孫退讓人少年氣習易得驕暴反被祖父教壞者不少惟願有子孫者未教他作家先教他做人教他做好人先教他存好心明倫理顧廉恥習勤儉守法度方是教誹

遠邪佞是富家教子孫第一義遠恥辱是貧家教子孫第一義至於科第文章總是兒郎自家本事

人子於親俱當盡孝獨有四種父母待子之孝尤切曰老曰病曰鰥寡曰貧乏父母當壯盛起居猶能自理至龍鍾扶立扶杖易仆寒夜苦寂鐵骨難挨又如偏風久病坐臥不適遺溲叢穢席薦可憎子所難奉惟此時親所賴子亦惟此時又如

老境失耦寒煖誰問就是兒孫滿前耦者耦稚者稚人人鼾睡去箇箇樂事多漏聲長處不可問枕邊淚溼與誰同祇護半點骨血空博一世淒涼又有撫字財匱婚娶力竭儘少年經營肥滿老窮人搔首躊躇望一味而垂涎丐三餐而忍氣吁嗟身從何來而長養若是為子者於斯更宜喫緊

婦人孝公姑與子孝父母一般然婦之於公姑以人合者也子之與父母以天合者也從來未有子不孝父母而婦能獨孝公姑之理故凡婦之失禮於公姑皆其子有以致之也為子者其念之

宋元嘉中吐谷渾王阿柴有子二十人一日者命諸子各獻一

箭以一箭授弟慕利延使折之又取十九箭使折之利延不能折乃諭之曰汝曹知之乎孤則易折衆則難摧勠力同心然後保國

曾公名大奇字端甫著通翼一書有云外國有鳥名曰共命一身二頭頭甚相忌有時此頭尋覓毒草伺彼頭睡銜置其前彼頭旣覺見而吞之須臾吞已二頭並亡錄此以爲兄弟相忌以致相殘者鑒

青天白日的節義自暗室屋漏中培來旋乾轉坤的經綸自臨深履薄處得力

家中惟貴省事而僕從最喜多事事多則費多費多則爲僕從

者不有口腹之利即生染指之心至於家道之興廢僕從不來管也

自來老成之人言有迂闊而更事爲多後生雖天資聰明見識終有不及後生例以老成爲迂闊凡其身試見效之言欲規訓後生者後生厭聽而毀詆者多矣及後生年齒漸長歷事漸多方悟老成之言可以佩服然已在險阻艱難備嘗之後矣

欲做精金美玉的人品定從烈火中煅來思立揭地掀天的事功須向薄冰上履過

溫氏母訓曰豈有子孫專靠祖父過活之理天生一人自有一

人衣祿若肯立志大小自成結果若止逸樂自娛惟恐前人遺產不克裕者吾恐雖得前人百萬家貲必有坐困之日矣

江右舒狀元芬在翰林時其子數寄書曰鄰人每歲占牆址不休芬覽書題其尾曰紙紙家書只說牆讓渠徑尺有何妨秦王枉作千年計今見城牆不見王封寄歸鄰人聞之感服盛德自毀其牆兩相推讓焉

日省錄

顧天朗 字開一號雪梅吳人順治丙戌副貢生有三禮集解等書

兄弟同受形於父母雖生有先後其初只是一人之身所謂骨肉至親也人惟不明此理故悖逆天性生雖同胞情猶胡越

居雖同室，迹若路人，不知薄兄弟，卽是薄吾父母矣。可歎可歎。

法昭禪師偈曰：同氣連枝各自榮，些些言語莫傷情，一回相見一回老，能得幾時爲弟兄。古人謂人倫有五，而兄弟相處之日最長。君臣遇合，朋友會萃，久速固難必也。父生子，妻配夫，其早者皆以二十歲爲率。惟兄弟或一二年，或四五年，相繼而生，自竹馬游戲，以至鮐背鶴髮，其相與周旋，多至七八十年之久。恩義浹洽，猜忌不生，不聽婦言，不爲奴間，其樂甯有涯哉。

萃古名言

趙民獻 爵里未詳

兄弟原從一體而分，此之於手足，誼至切也。試論手足可互相傷乎？而世之兄弟或不免有相傷者，此雖衽席之言有以亂其衷，而實財利之私有以啟其釁也。何也？兄弟之間，一人爲利，一人知義，必不至於參商。惟二人俱知利而不知義，故手足變爲戈矛，骨肉化爲寇讎耳。詩於兄弟戒勿相猶，其言切，其旨深矣。

凡課兒者，須使他知貧賤的意味。歷觀古來大聖大賢，何人不從貧賤憂苦中來？惟貧賤則思自立，思自立則百事皆可爲，又何憂兒子不富貴。

子弟生大富大貴之家是大不幸。惟富貴則性傲千罪百惡皆從傲上來

顏光衷曰凡家世茂盛者多以仁讓謙恭立教故能保其滋大不爲造物之忌但處世用寬而律家用嚴其於敎訓子孫方始得力

蔡西山訓子曰誇之一字壞人終身凡念慮言語纔有誇心卽當截斷

王允昌訓家錄曰一飲一啄莫非前定而況富貴乎凡不當得而得之財不當得而得之位能於此看破遠之避之自是天地間一好人雖貧賤以死光榮多矣念頭一差必將攘臂何

所不爲無論爲千古笑罵往往奇禍隨之吾願子孫以此爲戒

范忠宣敎子弟曰惟儉可以助廉惟恕可以成德

顔光衷曰敎大兒不若敎小兒敎貧家兒雖寛猶可敎貴家子弟尤須痛繩不容輕貸何也彼其驕貴癡養頤指氣使種種已積之胸中矣非嚴父良師共相追琢未有能成大器者

觀人之起臥早晩可以卜家道之興廢近觀紈袴子弟役役於聲色貨利每有日午始興雞鳴始寢者貧賤之家無之也賢子弟無之也勤以治生者無之也驕奢淫佚反天地之性悖陰陽之宜不祥莫大焉

顏光衷曰善教子者以親正人爲第一要務

少年聰明太露如花之千葉者無實若開口出刻薄議論及形容人者不獨無實恐防根朽矣

簪纓閥閱固稱盛美若代代不絕書香此即門第大幸亦足爲世家舊家也

## 示諸弟兩兒

黎士宏 字媿曾長汀人順治舉人歷官布政司參議有託素齋集

功名富貴定之於天讀書行己操之在我以操之我者反委之天以定之天者必爭之在我不幾倒行而逆施乎願爾曹盡其在我者

少年略賦才性易入荏誕豪爽一流世說一部爲累後生不淺不知古人胸次各有一副本原若止辦得東塗西抹博得一二顯者好語溫言便無故而箕踞科頭希蹤嵇阮顏之厚矣識者笑之大約今之所謂狂者率皆妄耳

## 務本齋格言選

馬世濟（字元愷漢軍人廣西巡撫馬文毅公雄鎮子隨任值藩亂間行告變後官黔撫漕督刑部侍郎）

正家之道宜痛絕閒雜女流不可容其出入蓋此流多陰智能揣婦人意且巧爲詞說又能鼓動人妻孥無識未有不墮其術中故骨肉之離間鄰里之忿爭皆此流搆之也抑或甚焉或爲賊之導或爲姦之媒其害有不可勝言者

宦家子弟凡居屋器用僕從輿馬之類俱貴雅淡不宜使俗氣撲人

富貴紈袴之子少而聰穎援筆立賦睥睨千秋心滿氣盈已不勝骯髒之習而食客遊士又從而諛之一文出奴僕班揚一詩成伯仲李杜夜郎王何知漢大富貴凌人而以才傲濟之角蛇翼虎釀戒淫毒至傾家而罔悔反不如椎魯無文者之猶能自存也余願士大夫教子先坊以禮義教以謙抑而後課以文藝責以古今一事之能無輕獎一語之俊無妄誇是眞能愛子弟者也

人有數子飲食衣服之愛不可不均長幼尊卑之分不可不嚴

賢否是非之迹不可不辨幼示以均則長無爭財之患幼責以嚴則長無悖慢之患幼教以分別則長無匪類之患每見富貴者甯豐財多粟納好寵姬何嘗肯隆禮厚幣延好師席寵姬辦首飾則甚易子弟買書冊則甚難蘭房用度必是周緻書室缺乏置之不問行事如此宜乎碩師去而庸師來碩師有抱負有見識合則留不合則去庸師無學問以自持惟佞諛而媚主庸師固棲身之謀一年復留一年子弟乏開導之益一日昏鈍一日及其長也塊然一物而已耳

世之愛其子者坐之高堂食之芻豢足跡未嘗及門自以爲愛之至矣彼鄰人之父則不然使其子躡屩擔簦犯風雨冒霜

雪以從師取友於千里之外伶仃顛頓雖道路之人莫不竊議其父之不慈也及觀其終則有一人焉不辨菽麥頑嚚無知問之何人也乃向之足跡未嘗及門者也有一人焉知類通達爲世名儒問之何人也乃向之顛頓數千里者也彼爲人父者將使其子無知爲愛耶將使其子有成爲愛耶雖甚愚者亦知所擇矣

親戚鄰里有狡獪子弟能恃强淩人損彼益此者富貴家多用之以爲爪牙且得目前快意此輩內旣奸巧外常柔順諂媚狎玩亦所甘心人多愛之不知他日所以蠱惑吾子弟而誘引爲非者皆此等輩耳若平昔延接忠實剛正之人雖言語

多拂人意而子弟與之久處則有身後之益所謂快意之事常有損拂意之事常有益凡事皆然宜廣思之

家中子弟奴僕與外人爭鬧人來告訴只當責備自家子弟奴僕或訪知事情可惡即加懲戒以警其後則家人無生事之擾外人亦諒我無所縱而不怨矣

父生師教然後成人事師之道同乎事親德公進弼林宗三詬而不敢怨定夫立侍伊川雪深而不敢去膏粱子弟閭閻小兒或依父兄世祿之貴或恃家有百金之貲厲聲作色輒慢其師弟子之傲如此其家之敗可知

人家富貴如牡丹花今春開盛要當培植爲來春膏液恐爲凋

謝之漸

庸行編

牟允中字叔庸天津人自號夢研齋主人有庸行編

嫡庶之兄弟尤屬人情之所難處嫡者非仗母勢以憑凌卽謂若母出身於微賤庶者始以地分而自疑終乃不得其平而搆釁遂令手足等於胡越而致傷父母之心矣抑知一樹數枝其根則其一水數流其源則同乎

感應解云人見兄弟不和或就其中分別是非不知人之性或寬緩或褊急或剛暴或柔懦或嚴重或輕薄或拘簡或放縱或喜閙靜或喜紛拏或所見者小或所見者大所稟自是不

同父必欲子之性合於己子未必然兄必欲弟之性合於己弟未必然性不相合則凡臨事之際必至於爭論爭論不勝至於再三則不和之端從茲漸啟而終身失歡者有矣悟此理者爲父兄必通情於子弟而不責子弟之同於己爲子弟必仰承於父兄而不望父兄惟己之聽則處事之際庶得和協無乖急之患矣

史搢臣曰父母而下惟有兄弟孩提之時無一刻不追隨長各有室或聽妻子或因財帛多致參商有餘則妒忌不足則較量及有患難相臨至厚之親朋終不若至薄之兄弟所以同居共爨爲妙然有勢不得不分者如食指漸繁人事漸廣各

有親戚交游各有好尚不一統於一人恐難稱眾意各行其志又事無條理況妯娌和睦者少米鹽口語易致參差分爨而不分居者爲上甚至分居弟兄友愛當愈加聯屬釋法昭云兄弟同居忍便安莫因毫末起爭端眼前生子又兄弟
與兒孫作樣看念之哉

昔張公九世同居至今傳爲美談今人不能效其百忍而欲同居不分勢有不能卽分不宜太早亦不宜太遲太早恐少年浮蕩反爲濟敗之具太遲則其中物情多端有不可勝言者如子孫繁衍眷屬眾多者家務若統於祖父中一人掌管凡一切食用則箇箇取盈人人要足全無體貼之心甯取而不

用必不肯僅足而不取稍有低昂則比例陳情甚有明知家道漸衰仍取用如常目擊婢僕暗竊亦不以爲意總視作公中之物漠然不甚顧惜耳且衣服什物取索不已稍不遂意皆懷不滿之心此勢所必至愚意此時當酌量各房人口多寡每年給以衣食之費令其自置自炊俗云親生子著已財庶知物力之艱錢財之難不獨惜財亦且惜福再度其子弟才幹量付資本與之營運使之熟諳人情世故此不分中之小分也待其老成歷練然後從而大分之卽分亦當存留三分之一以爲娛老之資若盡舉而析之不無計日而供輪月而養或有不賢之媳當行則止應有說無往往父子致生嫌

隙既有存留之物不獨老景可娛且使子孫稍有冀望之心或可勉强承順此居家善處之法慈孝兩全之道也既分之後子孫未必人人成立其中儻有升沉不一者亦可於此中籌佐助之方耳

子怨父貧兄壤弟富妻妾視豐歉爲悲歡奴僕視盛衰爲勤怠市道不在門外矣

淇九震先生示兒居家十二箴　卯辰飲酒　未晚脫巾　近午梳櫛　向三光及西北方溲溺　信口穢罵　喜聞僕輩傳說人家陰事及衙門新語　箕踞橫肱倚跛而坐　當食發歎　見客不長揖　聚談淫褻及食窯舞劇　詆毀人文

行以佐談鋒　妄想不可爲不可行之事

少年子弟斷不可令浮閒無業凡人一有事做則心有所關身有所拘外而經營內而謀畫自然無暇他想若浮閒無業飽食終日必然流入淫酒賭鬬之中諸般不好事俱要做出往往蕩其家產壞其品行故爲人父兄者於少年子弟或小或大必要尋一件事令他去做非定要得利也卽其事無大利而拘束了身心演習了世務諳練了人情長進了學識者（着這通用）便是大利益也豈必得金哉蓋子弟浮閒慣了就是趨窮的根子雖遺金十萬有何益哉

創業守成二者皆非易事不知守成更難於創業何也蓋創業

無先人法程能創不能創無關榮辱而守成已有先人規模稍忽擎持則爲人竊笑然亦不能箇箇求勝於前人若能如得舊樣子飽煖不失禮樂不違授受相承卽是繼述之子孫矣如甘棠某氏正廳不用梁棟竪立中柱示戒子孫不便演戲後皆遵其遺訓至今稱爲書香望族

葬墳太遠止因惑於風水目前雖易往返後世子孫有憚遙遠而拜埽遂致廢弛起房太大無非止圖飾觀目前雖易營建後世子孫因難修葺而祖業反多他棄

凡田產基址相連不可遂萌謀併之心卽使有人或因家貧或因別故轉售於我必以足價與之不可因彼事勢急迫故意

推託欲其減價賤售諺云田是主人人是客天地開闢以來此田此地買者賣者不知經幾千百人而後傳至於我我今得之子孫縱賢而能守能必其世世相承千百年不失乎自吾有知識以來見鄉黨中華屋腴田迭更數主其在後日又可知矣

諺云居鄉柴米賤後代子孫愚夫子孫之賢愚何關乎居市居鄉總之偏僻之地人皆誠實縱有不肖子弟無人引誘或不至破家蕩產至於衝繁之處人家子弟不論貧富知識一開便有黨類相合少年心性易惑易動最能薰染貧家之子不教則習為流蕩狡詐若富饒之子不教則有不可勝言者如

飲食衣服之類無不投其所好或嫖賭酗酒或指產借債甚至惹禍生非無所不至即有父兄在堂上下彌縫難以覺察雖身受拘束而心已放蕩及父兄一沒任意施爲引類呼朋登堂入室師長之言弗聽孀慈之訓難施日復一日愈趨愈下弟妹之婚嫁難周寡母之饔飧不繼縱使回頭悔亦無及矣爲父兄者當步步隄防時時開導人品家計關係匪淺所謂甯使終歲不讀書不可一日近小人昔宋米信爲節度使儉嗇聚斂積聚百萬其子豪侈浪蕩以父在不敢自專但於富室厚利貸錢自用謂之老倒還其詞以父若死鐘聲纔絕本利齊還也今世如米信之子者不少貸錢則曰磬響償猶

云老倒還噫可悲也
諺云朱門生餓殍白屋出公卿雖不盡然蓋貧而富富而貧猶
夫暑往寒來其理自不可易常見輕薄之流於門族中或有
讀書僥倖者或有貿易致富者開口便鄙他人爲暴發戶何
許人不思自己祖父門族亦從暴發戶何許人而來使天下
之貧富貴賤永無轉變則一歲之春夏秋冬亦不必循環有
是理乎往往富貴後裔自暴自棄不肯讀書不屑經營何如
暴發子弟讀書奮志貿易誠實孝友和順勤儉雍睦恢宏先
業克振家聲總之將相無種人當自強若使仗先人餘蔭虛
華架勢大言不慚不惟衰禍所伏且爲識者所笑若夫以親

戚榮顯卽便滿臉富貴徧體驕矜不顧他人指摘此又小人之尤者也

家訓

蔣伊字渭公號莘田江蘇常熟人康熙癸丑進士官至河南提學副使有奏疏及莘田集

子弟舉動宜稟命家長有敗類不率教者父兄戒諭之諭之而不從則公集家廟責之責之而猶不改甘爲不肖則告廟擯之終身不齒有能悔心改過及子孫能蓋愆者亟獎導之仍篤親親之誼

不得從事奢侈暴殄天物廚竈之下不得狠籍米粒下身裏衣不得用綾紗其綵紬繭紬或間用之

敬惜字紙糊窗裹物不得用有字紙張僮僕有能善體此意者
亟獎勵之

族黨子弟有志讀書而貧不能達者宜引掖之

不得言人閨閫

少年氣血未定戒之在色刻削元氣必致不壽甚至惡妓孌童不擇淨穢多致生毒勢必以攻毒之劑服之而此身眞氣消爍殆盡矣以是身嬰疾苦終爲廢人出不得博一命之榮入則貽父母之累非不孝而何父兄當嚴以敎之

不得恃才淩傲前輩輕易非笑人文字

不得輕信巫祝疾病須擇良醫善自調攝不許禱賽

嫁娶不可慕眼前勢利擇壻須觀其品行娶婦須觀其父母德
器一諾之後不得因貧賤患難遂生悔心
不可好勝作炫耀事糜費財力至窘乏之時悔無及矣
遇事須平和處之不得先興訟端及訐人陰私出人揭帖若有
出仕者列款一事恐波及無辜尤須愼之
不可爲人准詞狀此事人極易犯之我力守此戒已十九年矣
因昔曾爲人准一詞而兩家結訟經年不已遂致兩敗俱傷
我深悔之後人能體我悔過之心則可謂賢孝矣
科場分房主考及考試生童須秉公甄拔孤寒不可受賄天人
鑒之鬼神察之

積穀本爲防饑若遇饑荒須量力濟人不得因歉歲反閉糴以邀重價子孫中有大賢者更能推我之所未盡救貧濟乏養老育嬰種種善果天必佑之

女人不得供養尼姑在家此輩兩舌是非多致離閒骨肉子孫有不守此訓卽爲不孝

不得苛虐僮僕女人不得酷打婢妾若婢妾無大罪而致其人於死者告廟出之夫不能制其妻者衆共絕之

家人不許生事擾害鄉里輕則家法責治重則送官究懲

子弟所當痛戒者以不聽父兄師長之言及昵比淫朋爲最甚擇交不愼則必導以驕奢淫蕩之事誘以貪利黷貨之謀而

家風隳人品壞矣

子弟擇師必須博雅敦厚束修自好者厚其脩脯不可徒取時名

宴客有節不得於滋味著精神致戕物命

不得恆舞酣歌屢爲長夜之飲

交易分明不得貪小便宜鄰於刻剝致人有怨言

故舊窮親不可遠棄

家僮不可有鮮衣惡習

## 示兒

汪璲 字文儀號默安新安人入楚庠有讀易質疑太學章句繹義月課問答儀典堂集語餘漫錄

六月中旬見汝文二篇於玠叔信中若無蹈竊之弊則筆路已清從此猛向上去孜孜無怠自然日有不同矣第今年十五歲古者十五入大學敎之以修己治人之道況文章小技乎兒自六歲進學十年中未嘗一日間斷僅得如此亦可羞耳勿謂父過言也亟宜埋頭下死工夫一塵勿染處若忘行若遺儼乎其若愚然後乃有所益不然悠悠忽忽恐終不得上進可惜了時光也人生不滿百年壽者只有七十八十中壽六十五十止耳五十以後則漸衰矣十歲以前又無所知識中間僅得四十年耳此四十年中世運之變遷家道之隆替父母妻子友朋之所當爲者何限其無所事事只有十歲至二十歲未婚之前數年

此數年中宜不啻如金惜之兒今又已度其半矣如汝父今年三十九矣回憶十五歲時如昨日也回憶十五歲時雖甚愚頑知向學然緜緜延延何期不多日而竟至三十九歲矣噫今竟三十九歲矣欲復求如十五歲時不可得矣一事無成擁被自思無以爲心清晨對鏡無以施其面目對人言語無以爲顏動息作爲無以爲志氣間欲攘臂思奮不肯甘心汨沒亦徒然耳遲矣暮矣無可如何矣吾兒不必遠鑑只以汝父爲鑑日夜淬礪勿效汝父至今日徒自悲自怨也亦非必倚吾兒爲我增光但各人生世須各人自立人身難得勿空出世一番負此七尺與腐草同朽耳以上言語乃汝父自歷自練之言不得不爲吾

兒痛切言之。兒今既識讀書。故以此示汝。聽與否。能繹與否。非我所知也。總之禁足爲要。跬步不可出學門。子夏曰。入見夫子之道而悅。出見紛華靡麗而悅。夫以聖人之徒。尚不能保其出入之無異。況吾輩下乘乎。故讀書須先埋頭。先禁足。又曰。不見可欲。使心不亂。董子不窺園。正此意也。兒誠念夫韶光之易過。聞時之難得。戒汝父既覆之前車。思老大之徒悲。則自當一刻不敢自逸矣。

# 課子隨筆鈔卷五

儀封張又渠先生輯

河內夏錫疇鈔錄

## 與曾叔祖蒿菴翁

陸隴其 字稼書浙江平湖人康熙庚戌進士由靈壽知縣行取擢御史雍正二年　贈內閣學士兼禮部侍郎謚清獻○按公從祀孔庭

六月初二到京部例急選與大選不同文書必自勳司而轉功司自功司而達選司有二十餘日之擔閣非一日便可投供也選司題覆又有一月工夫總之補期在九月矣初意欲改敎職部中無此例只得聽其自然但將來做法甚難諸君子之期望

亦最難副十分小心猶或庶幾倘得一世俗所謂美缺家中人切不可以為喜望太翁居常時時提醒此意在京師自覺紛華盛麗不能動此心頗浩浩落落但時一念及稚子愚憃未有知識輒不能不膠擾於中未知近來讀書何如姪孫意惟欲其精熟不欲其性急太翁可取程氏分年日程細體古人讀書之法使之循序漸進勿隨世俗之見方妙周禮禮記俱宜令其溫習一季得一周庶能記得姪孫幼時溫書皆一月一周也左傳諸書迄今猶能成誦皆當時溫習之功惟太翁留神館中凡有不便不妨直言不比在別家也惟有一事意中欲望太翁之裁節者向在家時屢欲言之躊躇中止到路上思之不言畢竟是客

氣非所以待太翁也敢以陳之煙之爲物從古所無明季始有之吳梅村以爲妖見於綏寇紀略中姪孫見今之大賢君子無喫此者葢皆知其非佳物也太翁留心正學而嗜好偶同於流俗何難一舉而絕之一則見克己之勇一則免火燭之虞一則後學無效尤之弊一舉而三善備焉不識太翁不以爲妄言否

又

姪孫教子之意與他人異功名且當聽之於天但必欲其爲聖賢路上人望時時鼓舞其志氣使知有向上一途所讀書不必欲速但要極熟在京師見一二博學之士三禮四傳爛熟胸中滔滔滾滾眞是可愛若讀得不熟安能如此此雖向是記誦之

學然必有此根腳然後可就上面講究聖賢學問未有不由博而約者左傳中事迹駁雜讀時須分別王伯邪正之辨注疏大全此兩書缺一不可初學雖不能盡看幸檢其易曉者提出指示之庶胸中知有涇渭冬天日短應囑其早起夜間則又不宜久坐欲其務學又不得不愛惜其精神也聞家鄉米價甚賤此最是喜信季飛叔姪近況何如晤時并希致人處境不佳只有和平一法怨尤之氣減得一分有一分受用也

示大兒定徵

陸隴其

我雖在京深以汝讀書爲念非欲汝讀書取富貴實欲汝讀書

明白聖賢道理。免爲流俗之人。讀書做人不是兩件事。將所讀之書。句句體貼到自己身上來。便是做人的法。如此方叫得能讀書人。若不將來身上理會。則讀書自讀書。做人自做人。只算做不曾讀書的人。讀書必以精熟爲貴。我前見爾讀詩經禮記。皆不能成誦。聖賢經傳。與濫時文不同。豈可如此草草讀過。此皆欲速而不精之故。欲速是讀書第一大病。工夫只在緜密不閒斷。不在速也。能不閒斷。則一日所讀雖不多。日積月累。自然充足。若刻刻欲速。則刻刻做潦草工夫。此終身不能成功之道也。方做舉業。雖不能不看時文。然時文只當將數十篇看其規模格式。不必將十分全力盡用於此。若讀經讀古文。此是根本工夫根本有得則時文亦自然長進千言萬語總之讀書要將聖賢有用之書爲本而勿但知有時文要循序漸進而勿欲速要體貼到自身上而勿徒視爲取功名之具能念吾言雖隔三千里猶對面也愼勿忽之

示三兒宸徵

陸隴其

汝讀書要用心又不可性急熟讀精思循序漸進此八箇字朱子教人讀書法也當謹守之又要思讀書要何用古人教人讀書是欲其將聖賢言語身體力行非欲其空讀也凡日間一言一動須自省察曰此合於聖賢之言乎不合於聖賢之言乎苟

有不合。須痛自改易。如此方是眞讀書人。至若左傳一書。其中有好不好兩樣人在內。讀時須要分別。見一好人。須起愛慕的念。我必欲學他。見一不好的人。須起疾惡的念。我斷不可學他。如此方是眞讀左傳的人。這便是學聖賢工夫。汝能如此。吾心方喜歡。勉之勉之。

又

我既在京。家中諸務。汝當留心照管。但不可以此廢讀書。求其並行不悖。惟有主一無適之法。當應事時。則一心在事上。當讀書時。則一心在書上。自不患其相妨。不可怠惰。亦不可過勞。須要得中。小學及程氏分年日程。當常置案頭。時時玩味。

又

汝到家不知作何光景。須將聖賢道理。時時放在胸中。小學及程氏日程。宜時常展玩。日間須用一二箇時辰工夫在四書上。依我看大全法。先將一節書反覆細看。看得十分明白。毫無疑了。方始及於次節。如此循序漸進。積久自然觸處貫通。此是根本工夫。不可不及早做去。次用一二箇時辰。將讀過書。挨次溫習。不可專讀生書。忘卻看書溫書兩事也。目前既未有師友。須自家將工夫限定。方不至悠忽過日。努力努力。然亦不可過勞。善讀書者。從容涵泳。工夫日進。而精神不疲。此又不可不知。

黃大四月初三日在京起身。此時必已到家。我京中光景。渠歸想已備悉。一月來亦無他事。前月終。因捐納之人紛紛。只得又上一疏。　旨意甚好。然未知部議何如也。我前字中。欲汝秋間到京。然須再看光景。待我七月中再遣人歸商量。黃大若有盤費。可先遣來。若盤費艱難。遲遲亦不妨。新宗師必已發牌。汝於舉業尚未能精通。待下次考亦不妨。功名遲早。自有天數。不必强求。但讀書不可不勤緊。孔子曰。不患莫已知。求爲可知也。當常思此言。有便信來。須將所用工夫。一一寫寄我。然日間不可過勞苦。須有從容自得之樂。方是眞會讀書人。　誥命已領到可對母親說聲。凡事自要立主意。不可輕聽人言。人言之是非。亦不難辨。只是以聖賢之義理爲權衡而已。汝能不爲衆楚所咻。我心方慰。念之念之。

又

我八月初。已開列在外轉中。復蒙停止。目前又有試俸一局。未知作何光景。總之聽命而已。汝且不必進來。文宗幾時考嘉興。汝文字尚未能精進。且待下次考亦不妨。只要上緊讀書。不怕無功名也。我寓中日用甚窘。下半年俸銀。因靈壽上年錢糧未完罰去。此番人歸。又無一錢可寄。當待仲冬遣人歸矣。汝事事須謹慎。不可聽信人言。將書帖到府縣中。親友不知利害者甚多。須要自家有主意。若有要緊事務。須到城中。與元旂叔祖商量。昰佑此番來。一慰契闊。甚好。但我寓中清淡。不能有所加厚。

甚覺歉然。惟勸其讀小學書。若平日能將小學字字熟讀深思。則可為聖為賢。亦可保身保家。汝當互相砥礪。人而不知小學。其猶正牆面而立也歟。彭年於中秋後到京。我亦勸其讀小學。近來愈覺此書有味也。

又

縣考一事。文理稍通者。無有不取。所遺者不過十之一耳。此無論不宜干瀆。亦且不必干瀆。向來鄉紳多紛紛開薦。我所不解。汝見靈壽曾有一人來說乎。此一節賢於我鄉風氣遠矣。且預先要開薦。分明自處於極不通之地。少年志氣。亦不宜如此。此番汝與曹家外舅同就試。只宜聽其自然。但要用心做文字。文字若好。自無不取之理。一則可驗自己之力量。一則可見當事之公道。豈不美乎。如果落在孫山外。不過事之偶然。公道不泯。下次自然必取。但要讀書。不必以此爲慮。城中親族。有欲開薦者。可俱以我此意說知。

崇明老人記

陸隴其

吾家某。於九月二十六日。在洙涇周我園家。與雲間佳士王慶孫同席。慶孫述曾至崇明縣中。見有吳姓老人者。年已九十九歲。其婦亦九十七歲矣。老人生四子。壯年家貧。鬻子以自給。四子盡爲富家奴。及四子長。咸能自立。各自贖身。娶婦。遂同居而共養父母焉。卜居於縣治之西。列肆共五閒。伯開花米店。仲開布莊。叔開醃爏。季開南北雜貨。四鋪並列。其中一間爲出入之所。四子奉養父母。曲盡孝道。始擬膳每月輪一家。週而復始。其媳曰。翁姑老矣。若一月一輪。則必歷三月後。方得侍奉顏色。太疎。復擬每日一家。週而復始。媳又曰。翁姑老矣。若一日一輪。則歷三日後。方得侍奉顏色。亦疎。乃以一餐爲率。如早餐伯。則午餐仲。晚餐叔。則明日早餐季。週而復始。若逢五及十。則四子共設於中堂。父母南向坐。東則四子及諸孫輩。西則四媳及諸孫媳輩。分昭穆坐定。以次稱觴獻壽。率以爲常。老人飯食之所。後置一廚。廚中每家各置錢一串。每串五十文。老人每食畢。反手於廚中。隨意取錢一串。卽往市中嬉買果餅啖之。廚中錢缺。則其子潛補之。不令老人知也。老人閒往知交遊。或博弈。或摴蒱。四子知其所往。隨遣人密持錢二三百文。安置所遊家。并囑其家佯輸錢於老人。老人勝。輒踴躍持錢歸。老人亦不知也。亦卒以爲常。蓋數十年無異云。老人夫婦至今猶無恙。其長子年七十七歲。餘子皆頒白。孫與曾孫約共二十餘人。崇明總兵劉兆以聯表其門曰。百齡夫婦齊眉。五世兒孫繞膝。洵不誣也。康熙二十二年。十月十六日某爲予備述。慶孫之言。矍然不勝景仰贊歎。因援筆而記之。以告世之爲人子者。

古今格言類編

席本楨 江蘇長洲人世居洞庭山中

陳眉公曰。人家儘有聰明俊慧子弟。父師失教。專以時文課之。竟不知通鑑綱目二十一史爲何物。所以往往有攢眉讐書之苦。若教之讀史。以聰明俊慧之資。遇可喜可愕之事。則心力自然發越。貫串治亂得失。人才邪正。是非之源流。與財賦兵刑禮樂制度沿革之本末。則眼力自然高明。以古人印證今人。以古方參治今病。則膽力自然穩實。曉暢大局。面大機括。大議論。大文章。則筆力自然宏達。

唐文恪公文獻戒子曰。汝等當以學問磨礲氣質。以禮法檢束身心。以良師益友爲蓍龜。以狹邪惡少爲鴆毒。若杜門下楗。

讀書談道。即兄弟之間。亦足相師。何必妄覓交遊。每見人家子弟不務實學。或浮慕名士。託以聯社會文。或吹聲勝流。惟恐自居不韻。棋朋酒友。丹青鐫刻之輩。達旦連宵。圍堂接席。佳餚美醞。任其咀啜。文章德業。未嘗挂齒。汝雖目之爲良朋。彼實目汝爲騃子。

陳幾亭戒子曰。精神散。無微弗敗。精神聚。無鉅弗成。散不特宴安飽食。如一日之內。既讀經。又欲翻史。又欲觀世說小品。又欲作時藝。頭頭涉獵。便色色麤疎。此亦精神散也。後生習某經。且熟玩某經。習舉業。且專心舉業。不必以學不博才不高自愧。但去浮去雜。其成立當在高才博學者之前。異日讀一

書必得一書之力爲一事必奏一事之功恃才泛濫將貽後悔況才短而泛濫是少壯空努力也與無所用心者幾希

又曰聚談極害功程凡年少喜談之人都是浮浪不根全無一點爲己意思縱或時時發問唯諾如流似乎穎悟過人鋒辯可愛其實胸中都不領會再加詰問茫如未問未答之初此大病痛百難一成者也今汝輩讀書除飲食之暇散步少頃將疑義各相質證餘時則各安几席以靜觀爲貴以默想爲功作文之日俟文盡成方可互觀若先成者急急攜往示人則未成者氣散而意亂平日披玩古今遇有疑義疑字特置一小冊逐時記寫飯畢相對一一參考既明了者旋即勾去

餘俟多聞廣記之士。乘便請教。如此。則實實擴充進益比相聚閒談者霄壤矣。

又曰。早成者大都一頓發憤。晚成者大都分析用功。人自十六七。頗發英慧時。筆鋒正銳。墨氣正鮮。勤觀勤作。常如臨試。大約半紀。可登作者之堂。每見士人常年優游。臨場數月。方自鞭策。追不能及。鎩羽而還。優哉游哉。又仍故轍。如是者數科。計每科用功半年。亦總有二三載之勤劬矣。只因不併在一時。終於不熟不進。較一頓併用。愚智天淵。此說出錢龍門切中晚成之病。吾恨聞此遲二十年。汝輩幸早聞之。詎甘明犯。況少年心不涉俗。專功最易。長而不涉俗者幾人。日涉俗而

超然者益無幾人勞逸功半必然之勢望後堪懼撫今堪惜

陸放翁家訓略曰天下之事常成於困約而敗於奢靡游童子時先君諄諄爲言太傅出入朝廷四十年終身未嘗問產家人有少變其舊者輒不懌其夫人棺纔漆四會婚姻不求大家晚歸曾墟舊廬一椽不加也楚公少時尤苦貧革帶敝以繩續絕處秦國夫人嘗作新襦積錢累月乃得就一日覆羹污之至涕泣不食太尉與邊夫人方寓居宦舟見婦至甚喜置酒銀器色黑如鐵果醢數種酒三行而已姑嫁石氏歸寧食青籠餅亟起辭謝曰昏耄不省是誰生日也左右或匿笑楚公歎曰吾家舊時數日乃啜羹歲時或生日乃食籠餅若

曹豈知耶。是時楚公見貴顯。願以啜羹食餅爲泰。愀然歎息如此。游生晚所聞已略。然少於游者。又將不聞。而舊俗方以大壞。厭藜藿。慕膏粱。往往更以上世之事爲諱。使不聞此風放而不還。且有陷於危辱之地。淪於市井。降於皁隸者矣。子孫戒之。尚無墜厥初。

又曰。人士有與我輩行同者。雖位有貴賤。交有厚薄。汝輩見之當極恭遜。己雖官高。亦當力請居其下。不然則避去可也。吾少時。見士子有與其父之朋舊同席。而劇談大噱者。心切惡之。故不願汝曹爲之也。

安吉陳棟塘曰。正德三年大旱。各鄉顆粒無收。獨吾村賴堰水大稔。州官概申災。得蠲租。明年又大水。各鄉渰沒殆盡。而吾村頗高阜。又獨稔。州官又概申災。租又得免。於是各家狠戾肩越。戲劇宴飲。揚揚自以爲樂。余乃謂家叔兄曰。吾村當有奇禍。家叔兄問何也。余曰。無福消受耳。吾家與都與張。根基稍厚。猶或小可。彼俞費芮李四小姓。恐不免也。家叔兄不以爲然。未幾村大疫。四家男婦死無孑遺。惟費氏僅存五六丁耳。家叔兄稍動念。問吾三家畢竟如何。余曰。雖不若四家之甚。恐終有災。踰年。果陸續俱罹回祿。噫。冒越之利。鬼神所忌。況又暴殄天物。宜其如此也。家叔兄乃又問曰。然則世間大富大貴之家。永享安樂。何與。余曰。根深福厚。勝受得起。故耳。

然亦須人事善加培植。不然。將暗漸銷鑠。百年之後。能保常
如今日乎哉。

吾鄉在太湖中。山田甚少。居人之食。俱取給於外。又多業商。不
事南畝。一遇水旱不時。玉粒價踊。便有立槁之慮。游手輩不
能待斃。則結黨爲非。以致地方不甯。其患不止在一家。崇禎
辰巳。順治寅卯。余不憚竭蹶倡率。然以上游乏粟。雖泥沙金
錢。而幾若不支。信乎古人耕三餘一之法。以備凶荒。斷不可
忽。余嘗有積粟保安一說。奉勸里中賢士凡商於外者。留意
糴粟。蓋糴粟亦可以取利。若遇荒歲。但平糶而無取息。本既
不虧。民又沾惠。兩得之道也。吾子孫居家須節用省財。至於

粟米一年必裕三年之儲以防不測之患以備賑濟之用賑濟爲法亦不可苟核實貧戶不漏不濫視荒大小爲賑厚薄敦勸好義相助爲理此最是積德累功第一實事

少傅王文恪公發祥吾里爲天下文章之冠他如文之吳公之奇敏宗銘施公之巍科俱海內所推近來肇牽車牛易致饒裕勤讀者寡吾族子弟每以家無貲失於就學余故立義塾一區延師備廩俾得挾書肄業有資性可教者勿限年歲引而進之其止欲通曉方名者亦得讀書識字知道理不無裨於後日之經營吾子孫勿以廣費輟此一條

先君最敦族誼族有喪葬事必助之甚貧則度其費而全予婚

嫁之類助有差嘗以文正義田爲勵歎未能卽置也余勉繼先志置義田二百三十畝專以供贍族之用高年而缺養者嫠而無子者嫠而有子子幼者幼而失怙恃者廢疾者歲三給米米三石或二石有差歲歉無以不登而裁減吾子孫世守此法族盛則當廣置以充予之所不及

吾鄉風俗最爲樸茂如人依一姓以居至名其里巷一也家各有墓清明之前傾山埽祭雖販夫績婦無不拮据牲醴展其哀痛二也俗多苦節被旌之嫠三也藁砧久客有數年不反者其室能忍凍餒無穢行四也士風雖悍然性多慷直不類他處狙公之詐五也其當變革者則亦有之娶婦以貲豐爲

知禮。女家至稱貸鬻產以遣嫁。一也。葬多煩費。塗車芻靈。已爲多事。而廣設齋堂。以讌執紼。沈湎歡呼。尤爲非禮。貧家難展此費。因循不舉。致棺纍纍在堂。二也。人子葬畢。卽易吉服。無片刻之餘哀。三也。好訟。四也。蠶桑漸荒。博戲漸盛。五也。覘其美惡。以爲法戒。吾子孫可不愼乎。

凡福緣之事。在於感觸。不必作而致之。如暴屍無棺。施之。或銀或木。吾夙有例矣。他如蓄藥濟病。製纊惠寒。吾時行之。而未設定格。吾子孫當視力之可行。見義必爲。乃吾心也。其餘甃路成杠。放生戒殺。舉目動念。可以利濟。若四方稗僧。動鑽赫虩。濫募塡壑。與其給一人之欲。不若救百靈之生。吾生平矢

此不爲詭隨後人當體吾意可也

寄兄弟書

魏世儼字敬士甯都人魏叔子姪季子子有敬士文集

自離家後習蚤起晏亦不過日上尺許池中白蓮花帶露薦香領受天地平旦之氣覺有微悟惜吾兄弟之不共此也因思孟子雞鳴而起之語其機甚危初起時如曉色之渾噩舜蹠未嘗分也總總芸芸在天地之中即士農工商仁人盜賊近而與吾執爨之傭所謂孳孳者皆同及念至而事殊一氣之內各爭其趨出乎此入乎彼其機甚微其事甚危也而朝氣漓矣世或奔走衣食者或未得師友之益皓首鑽研而自入荊棘者或天賦

下愚。未知自黽勉者。或疾病以廢者。吾兄弟幸生未下愚。有志於學問。有諸父前輩足以矜式。家雖少餘財。而無飢寒奔走之累。行年及壯。宜能遠於流俗。乃未能者。豈非惛惰之志多歟。然此病儼為尤甚。常自知之。未能改也。近意欲習蚤起。醒來望牕紙白。遂不復睡。非謂即可以已惛惰之病。蓋蚤起得呼吸天地山川清淑之氣。又可展一日為兩日也。長兄獨身理諸零碎。未審有暇時得親書卷否。季弟宜專業少出書館。所謂百工居肆以成其事。既出應試。場屋事近。科條縷縷。不得以不屑意視之。惟各努力自愛。

靜用堂家訓

涂天相字宏亮號燮庵湖廣孝感人康熙癸未進士由編修官至工部尚書

世人每多嗜甘香之物。以其能開味與竅也。甘能開味。味一開。則無時不樂甘而厭苦。一投以苦。必不能堪矣。香能開竅。竅一開。則無時不戀香而惡臭。一中於臭。萬不可解矣。此實有驗之言。非迂談也。兒輩識之。

人有積功累行。數十年所必欲爲之善。而一朝遂之。則其獲福也必厚。人有處心積慮。數十年所必欲爲之惡。而一旦成之。則其致禍也必慘。此亦有驗之言。非迂談也。兒輩識之。

爲學先須辨別君子小人界限清楚。方有入處。每諭兒輩將四子書中君子小人對言處。彙寫一冊。置之案頭。於每日動念發謀。言行交際之閒。逐一勘驗。其合於君子者多便是君子路上人。近於小人者多便是小人路上人。若僅各居其半。則於君子小人之界。夾雜朦混。終必流為小人。能急於此時痛自懲創。極力挽回。猶可以勉而為君子。此等工夫最平易最緊切。最簡捷。最精密。久久行之。其得力當不少也。

人家子弟。欲其恂謹醇樸。異日有所成就。先須教之以熟讀小學。小學熟。後教之讀近思錄。近思錄熟。後教之讀大學。大學熟。後教之讀論孟。論孟熟。後教之讀中庸。從此漸次推廣。及於他書。總之字字句句。令其心解神會。節節步步。導以身體力行。涵育薰陶。引之有漸。優游饜飫。使其自得。久久純熟。不患不爲遠到之器也。

教子弟者。先須養其不忍之心。愛敬之良。自孩提而已然。及其稍有知識。如不破巢。不毀卵。不殺蟲。不折方長之類。隨其所在而告誡勸勉之。則惻隱之心。有以充滿於胸中而遇物知愛。見善則親。可以達之天下矣。且仁統四端。兼萬善。中有仁心以爲質。則遇可恥之事而羞惡生。當致恭之時而禮讓作。蓋仁則有覺。覺則有觸。卽發感而遂通。無矯勉。無期待。此所謂禁於未然之謂豫。當可之謂時也。否則發然後禁。吾懼其扞格而不勝。時過然後學。吾懼其勤苦而難成矣。

教子弟。勿令遽讀時文。遽作時文。遽讀時文。則喜其易而以讀古書爲難。遽作時文。則趨於華而以敦實行爲迂。但令多讀古書。勉敦實行。不患舉業不精。科第不得也。

劉元城云。人家子弟甯可終歲不讀書。不可一日近小人。余謂子弟一日不讀書。卽近小人矣。矧終歲乎。讀書者。絕小人之根也。不讀書者。近小人之媒也。且終歲讀書。則雖偶近小人尚有愧悔之日。終歲不讀書。則日與小人相狎。陷於比匪而不知矣。

吳康齋日錄云。君子常常喫虧。方纔做得。余謂世間惟君子爲能喫虧。若無忌憚之小人。驕矜侈肆。祇欲人喫他虧。焉肯喫人虧耶。甯人負我。無我負人。甯我負人。無使人負我。一語耳轉換說來。賢奸胥壞。無他。能喫虧與不能喫虧而已矣。吾家子弟。一切應事接物。但能喫虧。便是好消息。

天予人以福。必人先有貯福之器。德餘於福。則受者不厭。施者益不倦。福餘於德。則非徒無益。而又害之。故福或有倖致。必無濫享。兒輩但當修德。慎勿妄冀非分之福。

父母者。一家之天地。吾心者。一身之天地。一家之天地不位。長幼尊卑。咸乖其序矣。一身之天地不位。耳目手足。各失其職矣。

天下無不是底父母。亦無不是底兄弟。世上無不可感之人情。亦無不可感之物類。

愛人而人不愛敬人而人不敬君子必自反也愛人而人卽愛敬人而人卽敬君子益加謹也

克伐怨欲一心之洪水猛獸放辟邪侈一家之亂臣賊子貧賤憂勞淬身之砥礪驕奢淫泆伐性之斧斤

煜兒遊泮以書來報答云汝旣做秀才便當識秀才二字之義萃五行之秀曰秀通三才之理曰才曉此二字之義可以做秀才卽可以做舉人進士若昧此二字之義便枉做秀才矣日中則昃月滿則虧再實之木其根必傷盛衰倚伏之理從來如此吾家自江右遷孝昌凡七世雖書香不絕而未有科第壬午癸未之間吾以一書生數月而入翰林雖由祖宗積累

所致而日夜戰懼惟恐不克負荷此後吾家子弟能讀書者。則爲儒不能讀書者則務農安分守己以承天庥切勿妄冀非分以速天譴慎之慎之

人家盛衰之故不關一時之富貴貧賤而係乎子孫之賢不肖子孫賢則雖勞苦飢乏艱難百狀而勢將必盛子孫不肖則雖勢位富厚熖赫一時而勢將必衰吾願吾子弟之卓然自立務爲長久之計慎勿朵頤他人目前之富貴自喪厥守也

人莫不自愛其名故稱之爲君子則喜斥之爲小人則怒乃明自坦易而可以爲君子偏不樂爲必要使盡智巧用盡機關千方百計將自己弄成一箇小人而後已吾不知此何說也

兒輩切須戒之。

余居冷署十餘年。獨處一榻。布衣蔬食。晏如也。客有勞之者曰。先生何太自苦。余曰。吾日處樂地。未嘗苦也。他人鮮衣美食。俊僕怒馬。日以其身奔走於危險之地。乃眞太苦耳。此雖一時應答之詞。至理存焉。兒輩識之。

陳幾亭云。不作非禮之事易。不萌非禮之念難。不萌害人之念易。不作害人之事難。此言大入理會。蓋非禮之事。顯惡也。稍知自好者。必不爲之。非禮之念。隱惡也。倏起倏滅。雖賢智者不免焉。故身過易寡。心過難寡也。害人之念。有心之失也。存心愛物者。必不爲之。害人之事。無心之失也。率意徑情。雖長厚者不免焉。故有心之失易檢。無心之失難檢也。此四語最關人心術行誼。兒輩須細細體究。勿草草讀過也。

仲氏家訓　容城孫徵君奇逢錄其仲兄所輯家訓。○按徵君前明舉人從祀孔庭仲兄名奇遇諸生

凡悖逆之事。皆起於見君父有不是處。若一味見人不是處。則兄弟妻子。朋友童僕。到處怨尤。無時如意。若能每事三自反胸中自然快活。處事自然安恬。

遇富貴無生歆羨。羨之不已。不忮則求。處家庭宜先忍耐。耐之積久。既和且平。

莫行心上過不去之事。莫萌事上行不去之心。

以積貨財之心積學問。以求功名之心求道德。以愛妻子之心

愛父母。以保爵位之心保國家。

存知足心。去好勝心。方寸中何等安閒自在。

凡一事而關人終身。雖實見實聞。不可矢口。凡一語而傷吾長厚。雖閒談閒謔。切須謹言。

遇沈沈不語之士。切莫輸心。見悻悻自逞之徒。急須防口。

人之黑白宜在心。不宜在口。

有一言而傷天地之和。一事而折終身之福者。切須檢點。

君子有三惜。此生不學。一可惜。此日閒過。二可惜。此身一敗。三可惜。

父兄勞於官。子弟逸於家。一逸已過分。況乃事奢華。軒軒傲闊

里。僕僕過形衙。不知禍所伏。方謂勢可誇。勢乃有時歇。禍來

或無涯。不如慎德業。庶幾永無差。

富貴如傳舍。惟謹慎可得久居。

無病之身。不知其樂也。病生。始知無病之樂矣。無事之家。不知

其福也。事至。始知無事之福矣。

人欺不是辱。人怕不是福。

登天難。求人更難。黃連苦。貧窮更苦。春冰薄。人情更薄。江湖險。

人心更險。知其難。甘其苦。耐其薄。測其險。可以處世矣。可以

應變矣。

禍莫大於縱己之欲。惡莫大於言人之非。病莫大於不知己之

失。

## 家訓

湯　準 字稺平河南睢州人文正公斌次子

汝祖嘗述汝曾祖之言曰。吾家無甚疎族。自曾祖以上。則一父之子也。高祖以上。則一人之身也。一人之身。而至若途人。此蘇明允之所以歎息也。故平日賙給困乏。或粟米。或布帛。歲以爲常。汝等體此。當敦本重族。務歸於厚。方不負前人之訓。

汝祖爲潼關道副使時。有兄弟爭產相訟者。收其詞不問。令於講鄉約時必至。凡三至。涕泣自陳悔過。遂出詞還之。卒相友愛。去任時。猶追送數百里。於此可見人性皆善。至於兄弟相

訟本心全失已近於禽獸纔一改悔復歸於善可見無人不可爲善特上之人無以敎之則日趨於惡爾

韓尚書邦奇爲王陽明先生父執冬至節赴公所先生貂蟬乘馬韓公後至先生下馬執笏立道左韓公輿中舉手曰伯安行矣余先往遂去先生俟其過方上馬待父執之禮當如是也陽明先生德位兼隆功業文章彪炳宇宙而卑以自牧如此今世正學不講爲子弟不肯安卑幼之分凌侮尊長嫚罵同輩父兄聞之不以爲非反從而稱述之鼓其狂舌將何所不至甚至嘲詭父執肆無忌憚陷身禽獸仍揚揚得意自以爲能嗚呼可嘆矣

顏壯其云。人言居家久和。本於能忍。然知忍而不知處忍之道

其失尤多。蓋人之犯我。蓄而不發。不過一再而已。積之既多。

其發也如洪水之決。不可遏矣。不若隨而解之。不置胸次。曰

此其不思耳。此其無知失誤耳。此其所見者小耳。此其利害

能有幾何。不使之入而據吾心。則雖日犯我者十數。可不至

形於言。徵於色矣。

骨肉失歡。有本至微。而終至不可解者。止因失歡之後。各自負

氣。不肯相下耳。有能下氣與之、趨事與之話言。則彼此酬復

豈不漸如平時。

呂新吾先生曰。各自責。則天清地寧。各相責。則天翻地覆。此語

饒有餘味。所當深玩。人眞能反己。則天下無不可處之人。無不可處之事矣。

骨肉之間。能忍人所不能忍。非大勇不能。人反羣目以爲懦。嗚呼。過矣。

庭訓示愈高文山

林定徵 爵里未詳

人本於父母而生。亦將以一體萬物而生。本父母。則宜孝。體萬物。則宜仁。仁道卽難言。既爲人子。則永言孝思。夙興夜寐。無忝所生。斷不可已。一日之內。雞鳴寅刻。卽須警醒。計念吾今日所爲何事。所讀何書。宜應事。則應事。宜研書。則研書。切切謹跬步作止勿浪漫出入致與人閒談閒坐閒遊或廢一日書業或廢半日書業務使一日間常在書案然在書案要研繹聖賢書義以參觀世事以體切自身覺書理眞可助益目前行事釋卷時許多樂趣旋以應事處境自然理得心安則孝在是而仁亦在是矣

常在孝心上立志則不覺在己之勞瘁常在正路上致功則不覺旁人之非笑常在做人讀書上自得則不萌一念之悔恨不動偶然之慨嘆

懶而弛者其人無用然輕疎躁急亦無益切須持重耐煩戒絕輕躁則做人行事乃妥看書看文乃精詳而心乃快慰用功

嚴者。樂趣乃生也。

大聖大賢。固不爲世會所窮者也。修其本而已矣。福自己求。命自我造之說。確確可信。直於研書透快。行事肫摯之候。而斷然信之。

養德以養身。亦養身以養德。二者交相爲用也。

以孝德爲本。以仁道爲量。以兢惕爲心志。以强毅爲工力。以沉深妙機謀。以襟趣廓才略。且也樂天而不任天。必積德以格天。尊賢而不讓賢。必積學以希賢。實用處則以謙恕調入世以和樂藹家庭。然大端則以夙夜宥密爲基址。以書卷酣注爲源頭。而又以護養神氣爲把柄。

家範　原書未著作者姓氏

子之拜父。坐而受之。禮也。姪猶子也。立而受之。斯殺矣。後世倫常漸弛。有父呼子字者。有止受姪兩拜者。有不敢當而還拜者。甚至送出門而候乘者。子弟亦相安爲常。名分倒置甚矣。乃出搢紳之家。豈非名教罪人。

父母之遺書。猶不忍讀焉。父母之遺器。猶不忍毀焉。以其手澤口澤存也。今世之子。父死。輒仇父之愛妾。疎父所暱之親友。逐父所任之奴僕。死而改父之道。全不惻然於心。則其生前不順父命可知。爲人子者。安可不省。

人家閫防內外。止計較外來男子。而不知外婦之尤甚。

奴婢有過。第宜薄懲。勿得過責。至於寒暑飢飽。疾病勞佚。皆當一一體恤。使之遂意。不惟不令怨恨。且得盡其死力。若動加鞭扑。不恤苦難。誰肯事我。陶淵明曰。此亦人子也。斯言深有味。

司門者接應賓客。必詞令和婉詳明。毋輕得罪賓客。即主人厭倦不會。亦當善言辭謝。常見布衣登王公之門。或絕不與通。或倨坐不理。客怒其閽。併怒其主矣。此雖小事。實有關係。

予平居先大人端坐。晨則侍食。晚則立於榻前。談古今詩書。眼前鑒戒。至定更後。方退歸書舍誦讀。未嘗一日離左右。或時遠出鄉村。必如期約而歸。雖遇風雨。先大人必倚門而望。予

亦冒風雨而至今子子亦然凜遵古人不敢自專之義益先
大人之訓也

宦家子弟能繼科名固善然爲父兄者必欲以勢要關節令子弟人人科第則置孤寒才士於何地嘗見搬演戲劇至滿堂金紫則戲亦終而捲氈單矣故子弟科名太盛亦捲氈單時也此福不可不惜

口體之欲何窮每加節儉則無憂不足矣八珍在前不過一飽粗糲既飽視八珍亦無味矣美麗在側不過一歡荊布既歡視美麗亦無色矣狐貉在御不過一煖敝縕既煖視狐貉亦無華矣

## 景氏家訓

景　暹 河南登封人

張東海送子會試。其詩曰。出守南安便道歸。治裝送爾赴春闈。舟車到處須防險。爵祿隨分每愼微。直道遜詞眞要訣。權門利路是危機。傳家數世惟清儉。富貴休忘舊布衣。爾祖當年愛爾深。爾將成就祖消沈。我今白髮空垂淚。爾正青年要盡心。辛苦一兄支世業。參差諸弟向儒林。立身事主無多說。忠厚清修是好音。

胡康惠公誨諸子曰。予居官四十餘年。無他長。但清白二字。平生守之不失。爾曹今日雖未有官守。務全名節。金帛易動人。

遠而勿親自然神清氣壯他日必有用處汝等勿忘吾言
人子之身皆父母之遺體若徒惜費而甘旨有違使親顏顦顇
於心忍乎故不特自奉豐而奉親儉爲不孝卽自奉儉而奉
親亦儉均不孝也富貴者宜躬親侍奉不得專委臧獲貧賤
者宜竭力供職豈容膜不相關然天下富貴者少不富貴者
多試思桑榆晚景光陰幾何若必俟富貴而後豐焉恐親老
不及待矣何世人不以得養父母爲幸而反以爲苦財利則
望其日增膳羞則惟思漸減半出己意半聽妻言聲音顏色
之閒有似不厭而厭似不怒而怒似不怨而怨者其親實有
難堪也在父母有不屑與較者其心曰孝不可强也吾老人

甯以口腹之故。瑣瑣然如乞食於東郭乎。又有不敢與較者。其心曰。吾老人龍鍾朽物矣。較之而勉從焉。意且含懟。較之而不從焉。徒增其慍。甯勿較。嗚呼。人子而使父母不屑較。已入禽獸矣。至不敢較。豈非禽獸之不若哉。又有與兄弟分養。竟以加一餐爲貪婪。多一刻爲踰限。有嘉肴焉。有珍味焉。己食之。妻食之。子食之。而獨父母不得食。更有己甯不食。盡使妻子食之。而父母不得食。甚至己食之。妻子食之。其餘者甯獻於妻之父母。而父母不得食。甚至己食之。妻子食之。妻之父母食之。猶有餘者。甯邀其狎朋昵友食之。而父母不得食。嗟嗟。人心喪滅盡矣。或疑余言已甚。而不知爲余之目擊而心傷。旁視而髮指者也。予豈寓謗於規哉。

葉夢得家訓曰。司馬温公作迂說其一章云。迂叟之事君。無他長。能無欺而已。余以豈惟事君。事親何獨不然。父母愛子而教訓之。面從而不行。欺也。已有過失。匿使不聞。欺也。有懷於中。還就不敢盡言。欺也。佯爲美觀。未必出於誠。然欺也。今但能聞教訓。一一遵行。有過失。改過不吝。中有所懷。秋毫不敢隱。外面恭謹。本於心之誠敬。爲其所當爲。不爲其所不當爲。推是心以施之君。安有二道哉。

爲人子者。不惟富貴功名之氣。不可加諸親。卽道德文章之槪。亦難形之於己。蓋父母之前。宜謹孺慕。是卽赤子之情也。朱子註色難曰孝子有深愛者。必有和氣。有和氣者。必有愉色。有愉色者。必有婉容。今人愁容怒容德容傲容狂態鄙態頑狀惷狀唐突抵觸狀。各以其時分形於父母之前。父母受之非不傷之。但暗忍而容之耳。傷之者何情難堪者。受之他人且不甘焉。況其子耶。忍而容之者何。蓋彼既已生之。亦事之莫可如何者矣。或顧影而興嗟。或臨風而灑淚。憂懷莫解。病卽隨之。嗟嗟。人未生子。期子之心日切。子既生矣。抑又長矣。百年歲月無多。而以有限之精神。耗於無窮之抑鬱劬勞。既竭於前。愁苦又續於後。是生子適足以爲累也吁。

兄弟不和。親懷滋慼。君子當以財利爲輕。以人倫爲重。若鬩牆有變。定傷庭闈之心。卽不幸父母見背。益當互相敬愛。以慰親於九原。是能友卽能孝矣。乃世有見兄弟之富貴而忌。見兄弟之貧苦而喜者。有各立門戶。伺其隙而訐發者。有各立黨羽。乘其危而攻擊者。有甯曲護其奴隸而賈怨於同胞者。以他人爲密友。親兄弟如寇讐。布散流言。操戈同室。父母之心。能無恫乎。故盡孝者。當先和兄弟。

夫婦相愛。人之常情。乃世有不孝者。當其未娶。猶稍具人心。一旦成婚。遂昏迷溺愛。妻之言重如金石。親之言輕如草芥。其視妻不啻珠玉文繡之足珍。其視親眞如虎豹豺狼之足畏。或妻與父母不合。必是妻而非父母。卽妻顯露其非。明悖於理必信妻爲無心之過而怨親之苛求其非總之堂上之千言不如枕邊之一訴是誠何心哉父母憂鬱而不顧父母忿怒而不顧父母疾病而亦不顧設其妻一有於是則疾首蹙額徬徨無措矣嗟嗟枕衾之愛何其奪人之天性而慘酷至此乎夫父母爲子娶婦原爲上接宗傳下延支派兼之待孝養於暮年詎悲思於身後耳今爲子者暱其妻私其子儼若彼爲一家而父母爲外人獨不思汝之子異日倘復如是汝之心能自安乎故人知我今日之愛子如是卽知父母昔日之愛我亦如是知我今日懼子異日之不孝卽知父母昔日懼我之不孝以情揆情天良未有不發見者吾願世之爲子

媳者夫勸其婦婦勸其夫互相砥礪以全孝道而其責尤重於男子蓋婦人未嘗讀書暴戾之氣或一日而數見惟男子因機訓誨動其天良有正氣以折服其氣有至誠以感發其誠雖悍婦亦漸歸於孝矣

凡人少壯未有不勞而能成業者老則倦勤人老之嗣而勞焉路人且憐之矣若父母既生有子而猶令其勞其與無子也等爲人子者必先遂親心而後可遂親體事無鉅細預爲經營而布置焉使吾親無所用其心而併不及用其力問一事而一事已成問數事而數事悉備即父母素好早起晚眠亦不過花朝月夕優游自得而已乃不孝之徒止圖自己便安

罔惜親身勞瘁。終日嬉游。置家事於不理。務爲宴樂。問生業而茫然。曠人子之常職。貽老親以深憂。夏則衣葛瀟灑園林。冬則披裘擁爐香閣。坐使其親餐風宿露。跋涉山川。是可悲耳。嗟乎。予嘗見世德之家。有老僕焉。不以僕視之也。曰爾吾父之舊人也。爾勿以宂食自嫌。而同諸僕之役役。爾其安食以終爾之餘年。嗟嗟。父之僕。猶推父恩而軫恤之。生我之人。而乃使之勞苦不堪。不得如德門之老僕焉。則誠人世之異變矣。爲子者盍一思之。

憎而日偏。似屬父母之過。然人子宜反諸躬焉。君子於橫逆之來。猶三自反。況親爲生我者哉。竭其力者。益竭其力。盡其心者益盡其心。不疑憎之日偏。祇覺孝之未至。親之心必有憣然者矣。倘或未能。又當自安於命。猶夫人之受眷佑者當思答天之貺。人之遭譴罰者。當思回天之怒。如是自無不平之鳴矣。每見世人一見憎於父母。其心卽生怨懟。夫父母憎子而子卽怨之。是子之存心已極不肖。而父母之憎。乃先見之明。其心未爲偏矣。又且不特怨之於心。且得訴於人。夫怨之於心。心已當誅。訴之於人。罪尤不赦。爲父母者不逐之於鄉黨之外。不懲之以三尺之法。猶是溺愛之餘也。僅僅憎之。亦已寬矣。孝子知之於父母之憎也。順以受之而已矣。不第冀其親之悟。亦恐彰其過而貽親以不安也。夫孝子猶恐其親

之不安而不孝者偏欲人盡斥其父母之過而後快焉是誠何心哉

## 教家編

梁顯祖 爵里未詳

世人薄於父母而反厚於踈遠之人於結交餽送酒食往來不惜糜費以博賢豪之名至於甘旨輕煖之奉多闕如也於齋僧供道造寺塑像不吝布施以求非分之福至於喪葬享祀之禮又云宜從儉也此之謂倒行逆施昔茅容殺雞奉其母以草蔬與郭林宗同飯林宗賢而拜之推此可知所重輕先後矣

人有不善處兄弟者。動輒相尤。及見親鄰。陽爲語曰由異姓婦調唆致此。不知兄若以恩下流。弟若以誼上接。些小之物讓之。些小之氣忍之。此心一立得定。雖有長舌之妻。敢譖一言乎。子孫看樣行去。終爲好人家也。況兄弟不和。則外侮紛至。誰其禦之。故曰五臟不和。爲必死之病。兄弟不和。爲必破之家。可不愼諸。

一門之內。有父母。卽有兄弟。餘皆後起之親。外來相合者也。故最重者。手足之情。方其幼也。父母左提右攜。須臾不離。同案而食。同室而處。同師而學。未有不相親愛者。及其長大各私其妻子。則孝親之念。至此而已衰。何況於兄弟乎。至於妯娌之間。由異姓而聚於一姓。又加疏遠矣。其中賢者什之一。不賢者什之九。男子不能正夫綱。明大義。於是婦人得而挑弄是非。離間骨肉。則同氣之誼。益就乖離。甚至分財奪產爭鬭訐訟。無異仇敵。外人乘家門有釁。得肆其欺淩。竟無同心禦侮者。以致先世創業。一旦掃地。吁。可悲也。究其禍之所生。皆始於私其妻子。古人有不聽婦人一語。誰不聞之。亦誰不能言之。但溺於私情。無不迷惑。而喪其天性。傷其至愛者。可不慎哉。

兄愛其弟。弟敬其兄。終身不改。家門之福也。又須辨別和同二義。和者乃敦睦無間。而非雷同附和。衆口一詞之謂也。兄弟之中。有智有愚。有賢有不肖。卽使皆賢且智。一人亦不能兼兩人之心思。或疎於知人。或遲於料事。長於此或短於彼。知其一或未知其二。必須據理之是非。互相參證。擇其至是而從之。此卽學問相長之益。亦行事無弊之道也。若認同爲和。卽大誤也。

大抵敎子弟。以變化氣質爲先。刻薄者宜敎之以寬厚。暴戾者宜敎之以溫和。浮華者宜敎之以誠實。淺露者宜敎之以含藏。輕躁者宜敎之以持重。在學者自知其病。而矯正其偏。亦不外此法。若非由敎而入。則生而純粹中正者。能有幾人哉。

以上靳氏家訓

教子之道。以愼於威儀爲第一。詩云。朋友攸攝。攝以威儀。言朋友之道。必相與檢攝其威儀之失也。朋友切磋琢磨。宜無所不及。而必以威儀相攝者。葢所以制其驕惰之氣習而養成其德性者。莫切要於此也。乃教子孫者。顧目之爲迂闊鄙之爲文飾。不知所謂威儀者何也。以其視聽言動。皆中乎禮。而人之接之者。見其可畏。故謂之威。見其可象。故謂之儀也。是威儀固禮之所見端也。孔子以克己復禮論仁。葢心之存亡無定。非可憑空守住。惟用此心以檢束其身。使身無不歸於禮法之中。則心之主宰常立。卽有存而無亡也。是禮又仁之所見端也。夫威儀本於禮。而禮係於仁。謂之文飾可乎哉。故詩曰。人而無禮。胡不遄死。言此無禮之人。本心放失。而生理已絕。雖生而不如速死之爲安也。謂之迂闊可乎哉。是故子弟飲食起居。語默動靜。務令其恭謹端重。一毫不敢放逸輕浮。養得有如此器局。將來不惟有德。亦必有福有壽。故教子以愼威儀爲第一。

人家欲教子。必先知子。既知其子。則教可得而施矣。而世之言曰。知子莫若父。竊謂不然。嘗見不肖之子。縱欲敗度。其妻妾知之。其僮僕知之。其宗族朋友知之。甚且道路之人。無不知之。而最親最切如父。獨懵焉而不知。蓋其知之者。往往喜之則不肯言。畏之則不敢言。與之親則不忍言。與之疎則不必言。萬一言之。而其父聽信。幸也。即不聽信。而付之唯唯。猶之可也。乃人之言眞。而彼且以爲僞。人之言直。而彼且以爲詐。人之言公。而彼且以爲私。於是疑之爲懷妒。目之爲洩忿。怒之爲毀謗。嫉之爲離間。而懵焉不知。乃終其身矣。幸而其父稍自覺悟。乃其母護庇。又曲爲解釋。終歸蒙蔽。嗚呼。子既不知。又安問教哉。故予謂欲教子。必先知子。子之不肖無論已。即賢而向上。其質之利鈍。才之高下。亦有不同。爲父者從其周旋出入。及家居獨處時。細加體察。而又密訪人言。旁採衆論。其子誠實。固可因材而造就。子縱不肖。亦得設法以隄防。則庶乎吾之教不至於窮。而子之受吾教。亦各有所裨益矣。

以上梁氏家訓

今子弟之大失者有三。自少卽思衣服之鮮華。飲食之豐美。惟利己之驕惰安逸。而不恤人之規正。一也。不知誦讀經史。惟事嬉遊度日。稠人廣坐。論古今之道。則懵無所知。聞世俗之言。欣然而喜。旣不知恥。習以爲常。二也。身旣無學。且復忌人之學。故於勝己者。則遠而不近。於佞己者。則悅而相親。所言莫非庸下。所思莫非頗僻。三也。有此三失。父母兄弟所不喜。君子長者所不與。上官鉅人所不肯薦揚。欲立身成名。起家以顯祖宗。可乎。苟能甘澹泊而務學問。近有德而遠下流。則所知者聖賢之道。所聞者正大之言。所交者正大之士。所行

者向上之事。如此豈不足以成名乎哉。為子弟者。幸毋以予言為耄。李昌齡

宋龜山楊先生示學者云。此日不再得。頹波注扶桑。躚躚黃小羣。毛髮忽已蒼。此詩極為緊切。如今人把有限日月。俱作寬假。今日不學。謂有來日。悠悠蕩蕩。弄成老醜。不思古人愛惜光陰。正怕積時成日。積日成月。積月成歲。過一日則少了一日。過一年則加了一年。初生孩提。轉眼突弁。若東逝之水。焉得倒流之日乎。況年少時最好用功。無室家子女之累。無官府偪迫之擾。無人事應酬之煩。一心向前。讀書最易。後來情竇一開。精神漸衰。則用功便覺難矣。論古人身心學問至大。

不當只以舉業程督汝輩。但國家取士。只此一途。不登科甲則雖有經綸之志。無處展布。有顯揚之心。無由遂達。不得不以此日相程督也。況舉業與德業。元是一事。所讀之書。俱是聖賢傳心要旨。句句須體歸身上。所作之文。將平日誦讀講解的。融會貫通。隨題發揮。字字句句。皆從心裏寫出。則自然明白洞達。與常人自別。論道理。則由根達枝。穩貼有據。品人物。則懸鑑照形。毫髮不爽。原古今。則據經據史。有條有倫。策時務。則酌弊達權。可常可變。使心口相符。內外合一。其爲德業孰大焉。卽此通名仕籍。則平日所知所行者。原於此心天理不相悖戾。正可與民由之也。汝輩漸已長成。須奮然立志。

大者將室家之事。掃歸一邊。少者將童稚之習。一切屏去。務使精神完固。耳目精明。讀書作文寫字。皆一心爲主。不要信憑口手。亂讀亂寫。必書與心相通。文與心相會。字與心相守。立定課程。朝益暮習。更相尋訪同志之友。會講會文。如此用功。何愁不達。即使命運迍邅。不獲上進。終不失爲有學有行好人。試觀近日得志者不是天降下的。俱是貧苦中自家爭先取求來的。有一二搢紳子弟。又是他家祖宗德厚所致。且其人立志。亦在自己身上著力求進。不把現成基業。恃爲己物。受用馳騁。所以有此。汝輩資質。得諸天者厚矣。只爲因循怠惰。虛擲光陰。直至年歲長大。家又不成。名又不成。雖欲噬臍。悔無及矣。況這擔子原是爾自己挑的。更推不得與別人。榮也是爾。辱也是爾。與他人全無干涉。須靜裏細思。方知諸苦可畏。愼之哉。愼之哉。張鄭西惜陰自强諍言

今人用功不如古人。如夏月酷暑多蚊。若今人則曰酷暑多蚊。吾何苦於夜讀。昔車允囊螢。此其不爲酷暑多蚊之時乎。冬月凝寒無火。若今人則曰凝寒無火。又何苦於夜讀。若孫康映雪。豈不爲凝寒無火之時乎。至於疲倦欲睡。若今人則以疲倦止讀。昔子夏之焠掌。子夏焠掌按今荀子解蔽篇作有子蘇秦之刺股。孫敬之懸髻。此豈不爲疲倦欲睡之際乎。爲學必能用數子刻苦之功。方能得數子過人之學。

世之死於酖者千萬人而一人耳。死於宴安者。天下皆是也。地之於車。莫仁於羊腸。而莫不仁於康衢。水之於舟。莫仁於瞿塘。而莫不仁於溪澗。蓋戒險則全。玩平則覆也。端居之暇。嘗試思之。使我志衰氣惰者誰歟。使我功隤業廢者誰歟。使我歲月虛棄者誰歟。使我草木同腐者誰歟。使我縱慾忘反而流於惡者誰歟。使我弛備忘患而陷於禍者誰歟。是宴安者。衆惡之門也。豈不甚可畏耶。以上馬體衢敎家箴。

儒釋道三者。各自爲敎。如冰炭之不相入。彼僧道猶不肯供我儒家所奉之聖人。我儒家何反供彼僧道所奉之神佛。詩云。永言配命。自求多福。今不求之自。而求之神佛。不求之配命。

而求之事神奉佛。何愚之甚也。且供奉神佛。勢必有僧道尼姑往來其家。小而爲誆騙之囊。大則爲奸盜之媒。不可不杜其源。況燒香點燭。偶有疎虞。爲害不少。我子孫除一切邪教神道不可供奉外。即非邪神。亦不得供之於家。梁氏家訓

凡交友不得褻狎戲謔。須雍容揖遜。久敬相待。即杯酒言語之閒。行動起居之時。俱不宜戲言以取訶叱。偶過若人一讓不答。再讓不答。彼將自愧而不敢三矣。若與之往復言角。必至於疢心懷忿。豈交友之道乎。至於題人綽號。尤爲大病。蓋一出其人之口。則好事者必傳之爲美談。爲人終身之玷。其憾當何如哉。彼亦將極口譏訕。以爲報復矣。非自損而何。鐸言

棋枰雙陸。詞曲蟲鳥之類。皆足以蠱惑心志。廢事敗家。子孫一切棄絕之。曹月川家規輯略

戕生之事非一。而莫大於好色。保生之道非一。而莫大於寡慾。凡人精神氣血。稟於天者。皆有一定之分量。我能保養撙節。則可以固本而長年。譬之家有千錢。日用十錢。可得百日之用。日用百錢。止得十日之用。用錢日多。則錢數日少。必然之理也。每見少年子弟。身無恆業。惟以此事爲樂。自恃精力強壯。謂爲無傷。當其時。果不見其甚傷也。而不知勞瘵之病根已種於此。漸且筋骨生疼。腰肢作楚。加以風寒陡入。精力不支。有立斃而已矣。雖盧扁奚救哉。是故色不可好。而慾不可

以不寡也寡一日之慾者多數日之受用寡一年之慾者多數年之受用且古人云寡慾多男子大抵慾寡則精足精足則陽盛陽盛則發生必茂此寡慾之道可以延年卽可以延嗣也今之無嗣者廣置婢妾以求生育夫婢妾固不可無但徒充枕席之娛不惜身命之重予恐其未必得子而先不免於亡身矣孔子曰君子無不敬也敬身爲大身也者親之枝也敢不敬與不能敬其身是傷其親傷其親是傷其本傷其本枝從而亡人于奈何溺妻妾之愛而忘父母之遺體以致本與枝俱淪亡也

予少時讀尙書至酒誥竊疑飮酒細故何聖人惡之深而刑之

酷也。及閱歷久而乃知禍未有烈於此者。小之失色於己。大之獲罪於人。甚之則病中於內而殺其身。人雖不知禮未有敢侈然自放者。一至飲酒。則誕慢不羈。叫號無狀。雖父兄尊長在前。有不自禁其容止之猖狂者。是之謂失色於己。凡人平居。一言一動。易加檢點。一醉於酒。莫能自主。任意快談。或一語而中人之隱私。或片言而摘人之過惡。或輕諾而爽平時之信行。或角口而啟一旦之忿爭。後即重自追悔。夫復何及。是之謂獲罪於人。人之疾病。暑溼風寒。勢不能免。獨至酒之爲病。常起於不及防。感於不自知。而發至於不可救。蓋一身運行。惟氣而已。酒多則腸胃胸膈。浸淫灌注。而氣日已浦耗。且因酒致色。全體精神爲之盡喪。遂成噎膈翻胃勞怯諸疾。醫藥莫療。是之謂病中於內而殺其身。其他沈湎於酒敗國亡家者。自古及今。接踵相繼。故酒之爲物也。智者飲之而愚。勤者飲之而惰。謹者飲之而肆。强者飲之而弱。富者飲之而貧。貴者飲之而賤。酒之可惡。何異蛇蠍。予今爲子弟告。凡尊長慶辰。賓朋雅會。聊用合歡而止。愼勿以醉爲度。其平常無事。長夜淸晨。切勿縱己之飲。并勿强人以飲。多不過十餘杯。少則三爵五爵。即或以鄙嗇見誚。爾曹自守我家法。

天下嗜好之物。無益者類多。而最癡最愚。則莫如好古。董子見近來子弟。每欲自別於庸俗。而位置於騷人韻士之列。聞一古董愛之慕之。從而購之。遂有諂媚之徒。貪利之友。多方羅致。以中其欲而取其財。試思玩器之古今眞僞。孰辨之乎。即眞能辨之矣。而玩器之古而不今。眞而不僞者。其於人果有益乎。少年心性不常。愛慕紛雜。今日之所好在此。明日之所好又在彼。以有用之金錢。易無用之器玩。以有盡之囊橐。博無盡之珍奇。其始手有餘貲。不惜重價以致之。一旦家業式微。衣食不繼。而向之價值百金或數十金者。求償什伯之一而不可得。出入哄誘。徒飽若輩之腹而已。豈非天地間最癡最愚者哉。予以爲人生自有眞古董焉。五經四子綱鑑性理經濟諸書。是乃所謂古董也。可以明理。可以修身。可以齊家

治國平天下。蓋非徒几席之玩。耳目之娛已也。吾子弟盍好之。以上梁氏家訓

子弟何德何能。不過藉祖宗之力。掙得基業。居此現成時勢。自反實屬可媿。若不倍加勉勵。積德累行。而公然居之不疑。務求適己。不畏人言。妄自尊大。侮慢寒微。勝己者忌之。不如己者笑之。見人有善則疑之。聞人不善則揚之。或好游蕩。或縱酒色。敗名喪檢。人於面前不得不以尊稱稱之。背後即以奴隸目之。豈不可羞。

人家門祚昌盛。皆由修德砥行。世代相承。故能久而勿替。若爲祖父者。不能積德行以貽其子孫。爲子孫者。復不能積德行

以繼其祖父。未有不立見傾覆者矣。吾家高曾以來。代傳忠孝。吾父纘承基業。不懈於修。迄今瓜瓞綿綿。仕宦相繼。但恐後之子若孫。安享基業。罔念艱難。加以氣質之偏。習俗之染耳目紛紜。心志惑亂。心志惑亂。則事爲乖張。祖宗數十載之貽謀。保其不一旦隳墜耶。是故欲立光前裕後之業。務爲積德累行之修。發一念。行一事。必思天理上無一毫虧欠。稍雜私欲。急遏絕之。毋飾之昭昭。而墮之冥冥。從來聖賢工夫。只是箇戒懼愼獨。而終身德行。卽樹立於此。若乃世間敗德喪行。種種不一。而莫甚於貪財好色。少年子弟能從此處立得脚跟。不爲所中。則其他無一足爲我難。而德行日積矣。士君子爲善。盡其在我。豈敢責報於天。然易曰。必有餘慶。書曰。降之百祥。則昌大祖業。廕庇後昆。又理之斷然不爽者也。吾子孫其勖之。梁氏家訓

近日婚嫁愆期。多因聘禮匳貲之艱難。不知親戚全在情義相好。豈在財帛相與。女家求厚聘。是賣女也。求得厚聘。必須厚嫁。何益之有。若云體面攸關。每見人家因厚嫁女。而致家私消乏。既致消乏。有何體面。娶媳止要新婦端莊貞靜。要甚妝匳。豈曰新婦妝匳豐厚。可以濟子之貧乎。不知貧富有命。命該富厚。雖無妻財。亦能富厚。命該貧窮。雖有妻財。亦必貧窮。曾見人家新婦妝匳豐厚。有自己作孼。而嫖賭兼行。盡化烏

有而後已。則厚匳何益。而亦何苦。嗣後嫁娶俱須從儉。不可奢侈。貧家固宜如此。若富饒之家。幷有名器之家。乃一鄉表率。更宜如此。克家堂家規

嫁娶之禮。當稱家有無。隨宜厚薄。原無一定不易之例。世俗務求飾觀。竭力成禮之後。卽至一貧如洗。試思一時虛文。何益於兒女生計。卽使盡有實濟。而本家困乏如此。日後何能再行別項禮節。源源不竭乎。又見女子自矜嫁貲之厚。驕慢其夫。夫不能屈之。有終身唯唯從命者。可見厚嫁之貲。反爲傷倫害義之物矣。且士庶之家。財產易盡。固當善留餘地。卽宦家祿入有限。若非倣貪官作罪孽。何從供其靡費乎。大抵敗

名壞品。多由於用度過奢。不獨嫁娶一事爲然也、

婚姻者。人道之始。而風化之原也。兩姓締結。惟問其傳家之規範。與察其子女之禮貌何如。而貧富貴賤不與焉。今之人往往輕貧而重富。惡賤而喜貴。無論富貴不足久恃。卽使足恃。而其識固已卑矣。況如我貧賤而攀援之。能必其從我乎。彼富貴而自據之。能必其與我乎。而近日世俗可笑。其擇婿婦。每欲其自嫡出者。夫嫡出之子女未必定賢。而非嫡出之子女未必定不賢。而顧以此爲取舍。此尤婦人女子之陋見。斷斷不必拘者也。梁氏家訓

一切伎倆性氣。師長前逞不得。一切聲華勢利。師長前矜不得

一切儀文情愛。師長前苟簡不得。故古人履可進。雪可立。財可公。難可赴。耕耘可代。灑掃可供。顯秩可辭。仕進可遲。三年衰可服。數年墓可廬。總之陶鑄之恩。決不可負。何也。成我之恩。與生我者同。范竹溪 做人鏡

教子之道。擇師友是第一急務。今之師滿街巷矣。予以爲非有實學問眞人品。不可以爲師。何也。學問實則可以啟愚蒙。人品眞則可以養德器。切不可妄信人言。徒採虛望。惟自家留心察訪。見有如是之師。卽延請到家。起居服食。一一優以厚禮。而待以至誠。蓋禮之厚。待之誠。彼未有不感格而盡心竭力者。而其道又不可以不久。久則師弟相習而服之素。賓主

相得而信之深。若今年易一師。明年易一師。未有能成功者
也。至於尊不如師。而實足以助師之所不逮者。則莫如友。夫
子論三益而先之友直。甚矣直友之最足重也。予見今之人。
或因一言之合而定交。或因一事之投而結契。往往專以逢
迎求悅。諂諛取容。我未有善。彼輒揚之。我已有過。彼終護之。
甚且誘我以無益之務。誑我以不經之言。導我以非禮非義
之爲。惑我以亡身亡家之術。小則圖醉飽。大則攫貨財。此皆
由不直以至斯極也。予惟擇其出言無阿。行事不詭者友之。
縱其人文章才幹。未必兼優。而與之締交。終身有益無損。此
則非師而功實與師等。噫。師友閒關係重大。吾子孫愼無苟

馬。梁氏家訓

如今做人要從苦中更嘗一番。方有受用。故甘自苦來。甘始可久。福由德致。福始可保。凡做大官幹大功業的人。俱在貧困裏磨難出來。即如范文正公司馬溫公。微時何等落寞。而先憂後樂之志。不敢謾語之心。自幼時已有定見。甘受齏粥惡衣之困。一味只知讀書向學。下帷絕編。後來際遇時。隨處盡職。俱做好官。直至參預大政。其至誠所孚。四方仰之。百姓愛之。凡禍福利害榮辱進退。如浮雲之過前。一毫不入其心。故生有美名。死有令聞。至今史冊上見其所行所言。不問賢愚大小。猶知斂衽起敬。這皆是貧苦中養就來的。直與天地同不朽矣。如今爾們生出來。便喫好食。穿好衣服。先將後來一段風光已受用過了。如何又去指望富貴。如今也難道教爾們尋箇貧苦來受。只就現在一意抑畏節省。不要學人飲酒食肉。穿著羅綺。只守布衣菽粟之分。何等安穩。使後來還可增益。內裏妻室。也不要聽他搜求珠翠。衣被文錦。靡費金銀。只如百姓家婦女。用力用勞。凡祭祀燕享烹炰浣濯之類。無不親自督理。爾們一意存心讀書。比貧苦書生。更加一倍精進。這便是苦了。庶幾天地鬼神憐汝。鄉黨敬汝。祖宗佑汝。父母愛汝。僮僕畏汝。何愁富貴不至。即使不得。猶不失為守分君子。如此代代相承。何至墮落。畢竟有光大之時。如不知止足。軀殼上重重包裹。口舌上味味爭求。只在外面圖箇好看。以驚動俗眼。卻把孝親敬長。信友宜家。性分內事。全不去理會。甚至踰越禮法。毀亂性眞。戕賊身命者。競趨而甘心焉。先從僮僕鄰里。從旁竊笑。況天地之高明。鬼神之正直。宗親之眾多。祖宗之嚴。父母之尊。有不賤而惡之者乎。這豈由他人。俱是自擡舉自己做箇好人。甘也可得。福也可受。不然則後來苦至禍至時。恐難禁也。興言至此。不覺刺心。愼之哉。愼之哉。張節西抑情自損誨言

甚哉。近日之子弟。其崇尚華靡。爲已極也。畫棟雕欄。而宮室之華靡極矣。錦鞾繡轂。而車騎之華靡極矣。蜀錦齊紈。文犀玳

瑁。而服飾器皿之華靡極矣。無論目前之暴殄足惜。將來之窮餓堪憂。當其飾觀炫美。意氣洋洋。而胷中實一無所有。識者已鄙而薄之。且因子孫之怙侈不肖。從而誚讓其父兄。刺譏其先世。下喪名節。上辱門風。子弟苟有志氣。當不爲此。今夫宮室。蔽風雨而已。畫棟雕欄何爲乎。車騎代徒步而已。錦韉繡轂何爲乎。服飾器皿。禦寒備用而已。蜀錦齊紈文犀玳瑁何爲乎。願吾子弟禁飾華侈。返歸儉樸。詩書充腹。腴於富室之膏粱。道德澤躬。麗於貴人之文繡。苟舍其在我而徒求誇耀於世俗。可恥莫大焉。梁氏家訓

洗心齋纂古

閔子奇 爵里未詳

富公弼語子孫曰。忍字眾妙之門。若清儉外更加一忍。何事不辦。少時人有罵者。佯爲不聞。旁曰罵汝。公曰恐罵他人。又曰呼君名姓。豈罵他人。公曰恐同名姓者。其人聞之大慚。

士夫當爲子孫造福。不當爲子孫求福。謹家規。崇儉樸。訓耕讀。積陰德。此造福也。廣田宅。結姻援。爭什一。鶩名利。此求福也。造福者淡而長。求福者濃而短。士夫當爲此生惜名。不當爲此生市名。敦書詩。尚氣節。愼取與。謹威儀。此惜名也。競標榜。邀津貴。鶩矯激。習模稜。此市名也。惜名者靜而休。市名者躁而拙。士夫當爲一家用財。不當爲一家傷財。濟宗黨。廣束脩。

救荒儉。助義舉。此用財也。靡宮苑。教歌舞。奢讌會。聚寶玩。此傷財也。用財者損而盈。傷財者滿而詘。士夫當爲天下養身。不當爲天下惜身。寡嗜欲。減思慮。戒忿怒。節飲食。此養身也。規利害。避勞怨。營窟宅。守妻子。此惜身也。養身者嗇而大。惜身者羶而細。

說人之短。乃護己之短。誇己之長。乃忌人之長。皆由存心不厚。識量太狹耳。能去此弊。可以進德。可以遠怨。

稠人廣衆之中。不可極口議論。非惟惹妬招尤。亦傷人。豈無有過者在其中耶。議論到彼。則彼不言而心憾矣。如對官言清。則不清者怒。對友言直。則不直者惛。彼謂我有意而爲之耳。惟有簡言語。和顏色。隨問即答者。庶幾可乎。

伊川先生見人論前輩之短。曰。汝輩宜取他長。

# 課子隨筆鈔卷六

儀封張又渠先生輯

河內夏錫疇鈔錄

## 罔極編 原書未著作者姓氏

詈餘拈案曰楊士奇四朝元老其子楊稷恃勢行惡士奇不知也後稷惡日甚致於上聞伏法而死士奇亦幾不免嗟乎楊公聰明慎密人也稷之積惡滿盈至於殺身而楊公猶不悟則其彌縫之工蒙蔽之巧能使聰明慎密之人墮其術中如醉如夢是稷之才定有大過人者矣凡權要家子弟不幸而不才徵歌買妓縱酒呼盧其禍止於敗家尤不幸而有才其禮數足以結

納官府豪華足以延致賓客聚斂足以增置田產而專於收養奸猾以爲爪牙攫取小民以恣魚肉其父兄且倚之爲家幹同輩且羨之曰能人一日禍至則殺其身而危其父故不才之禍小而才之禍大也先輩云出一箇喪元氣進士不如出一箇敗家業平民良有以也

## 亦政編

蔡衍鎤字宫聞漳浦人
張清恪公門人

衍鎤曰天下無不愛子之父母世所稱頑父者瞽瞍一人而已然瞍固底豫者也瞍且底豫況頑不瞍若謂不可以誠感之乎古人云父母慈而子孝此尋常事惟父母不慈而我所以

事之者無所不至故千古言大孝者稱虞舜焉知此意者天下無不慈之父母矣

又曰凡爲嫡妻者妾媵有過能恕則恕之不能恕則告其夫戒責之非大無禮不宜便加箠楚蓋同事一人原有伯仲之誼故古人皆以親姊妹爲之而今俗猶稱妻曰大姐妾曰小姨以異日所生之子皆是同胞兄弟故也是以凡事務存體貌不可以非道相加若妾媵於尊長之前說嫡妻長短者夫聞知治罪不得姑饒至有爭訟之處妾雖甚是亦當薄責仍令請罪於妻以存尊卑之體

又曰人生五倫之中惟父子最親其次莫如兄弟皆以天合者

也外此則合以人矣是故未生則同胞已生則共乳寢食必同處行止不相離如影隨身如花並蒂不亦親愛甚乎自夫有妻子則慕妻子而友愛漸衰彼爲之妻者亦但知有夫有子惡問及其夫之兄弟殊不知汝夫婦今日之愛汝子卽汝父母當日之愛汝兄弟汝愛汝子欲其兄弟和好亦如汝父母愛汝欲汝兄弟之和好也今欲令諸子和好而自於兄弟不相親愛不惟無以上慰父母之心不且又留一榜樣使汝子得尤而效之乎噫人苟常存此心自不能不於兄弟上用情雖有枕席之言安得而惑之且時常以此意告其妻使曉得道理原是如此則娣姒之間亦自然各生親愛間有一種

不令兄弟動輒相殘人或非之則推諉其咎於婦人恥受不友之名而自甘爲不肖之夫其可恥不更甚哉

又曰兄弟乃骨肉之親原不相離鬩牆也而禦侮急難也而相求無非出於至情至性故在平時弟或有過爲人兄者何妨念他是弟而姑容之兄或不是爲人弟者何妨讓他是兄而姑受之若不能容不能受雖其理甚是終難辭不友不弟之名

又曰何以待傲弟曰誠以感之義以制之杯酒勿咨談歡財利勿與計較背後之言勿與理會可也

又曰記稱王司徒妻太傅鍾會女也若王汝南妻則郝普女二

妻並有才德雅相親重鍾不以貴淩郝郝不以賤下鍾賢聲遠播二王大有榮施今之娣姒往往挾貴相驕誰無丈夫之氣竟恬不知怪甚且樂婦勢之可恃敢肆無理於兄弟不亦聞二王之風而有愧乎又何怪乎女子一適高門便輕置父族於不顧也哉

又曰凡宗族中但知有父兄子弟不知有富貴貧賤其敢以富貴貧賤加於父兄者不惟得罪父兄亦且得罪通族不惟得罪通族亦且得罪祖宗曾見得罪祖宗之人而可以久其富貴者乎記稱前五代時有江南高氏者合族百餘人先時致祭家廟必以族之尊長執爵主祭序齒列坐及後富貴者忽

生驕傲或云祀先所以榮祖宗當以富而有位者執爵不拘卑幼之例行之一二年又以子孫富貴爲祖宗之榮應坐上列自是宗族各以富而爭富貴而爭貴富貴之人自相爭競而貧窶宗支不與者積恨欲舒遂乘其隙而攻之自是少淩長卑辱尊而門第衰微流竄遠方矣竊意記言家長必是宗子否則亦惟行高而齒優者得稱焉夫執爵用宗子禮也用行高齒優則不合禮矣況乃徒以富貴爲哉宜其致爭而敗也

又曰家有顯者舉族之幸也然必能親愛和睦使家門之內肅肅雝雝方能上慰祖宗之靈下副一族之望未有偶博一官

偶登一第而即挾貴以驕其宗族甚且並族中所公有之物而私之者。如此之人豈徒家害異日欺君虐民流毒方未有已也

又曰伐木本燕朋友故舊之詩而言諸父必及諸舅周禮大司徒敎民六行言孝友必及睦婣所謂睦者屬宗族言所謂婣者屬婣戚言可見內親外親原是一體親疎雖云有閒而休戚未嘗不相關惟在本吾孝友之一念推之而已

又曰古者八歲入小學十五入大學自灑埽應對進退以至窮神達化未有不須敎以成者今人徒事辭章自五六歲入塾時即敎作對偶八九歲敎作八股文字十歲以後即令應試

無他急於功名也試問急功名者之即得功名乎旣以此自誤又以此誤其子弟不思聖人敎人止是五典舍此不道則孝弟忠信禮義廉恥之不知胥人道而爲禽獸矣異日縱得功名其不至於誤民誤國喪身亡家也者幾希

又曰近世子弟於四書尙未讀徧即敎以帖括文字無他總爲應試起見殊不知帖括文字原從經書融出試問皮之不存毛將安附更有一種無識父兄往往延請文士擇取題目佳者剽竊成文合成一藝令子弟篇篇熟讀遇試將全文抄就子弟不知文義但能口誦至有偶錯一字致全文不順不能改正者或試非其題則終日不成一句曳白以出者甚至或

艱於背誦持寫本帶入試場以致犯科殞命者是子弟之不
肖皆父兄爲之夫本欲望其成名今乃驅而入死地是可忍
也孰不可忍也
又曰凡子弟讀書不成皆由交遊不愼雜引他途衣食不給皆
由生業不安游閒待斃其罪皆在父兄故爲父兄者欲使子
弟讀書則書房內勿聽閒雜往來即僮僕之不醇謹者勿侍
左右也儻子弟非讀書中人亟令改業異日可免飢寒若名
爲世冑而甘爲市井少年之習異言也異服也學歌也學鬬
也放鷹走狗也蹴踘彈丸也是皆不肖之流所當嚴禁而痛
絕之鋹嘗謂爲子無他孝其不忍陷親不義處便是孝爲父

無他慈其不肯聽子爲惡處便是慈凡禁子弟惡習先自看戲始尤先自喫煙始。

又曰。玉不琢不成器凡生子不論多寡有數子者這數子箇箇要教訓止一子者這一子要加倍教訓蓋數子之中一子不良尚有他子可望止一子者此子不良無復望矣在昔劉居正課子摯甚嚴或謂曰君止一子獨不加恤耶答曰正惟一子不敢縱耳後摯官至尚書僕射以忠義聞

又曰凡子弟得罪於人其人來訟我卽未服判其曲直或明知其曲在彼矣亦不妨將此子弟面責致謝則彼人自然心服而去而可以解此一朝之忿其所全處甚多大凡教子甯失

之嚴勿失之寬則自不敢生事

又曰凡子弟不肖爲非父兄不能禁止一旦事聞於官官長將治之吾方幸邑有神君代行家法庶幾懲一警百可以化惡爲良未必非祖宗之靈家門之福也乃有一種不曉事之人反以此爲玷辱事千方百計代求放釋彼其心自以爲篤於親誼而不知乃所以長不肖之習驅衆子弟而入坑阱也謂非不肖之魁可乎更可恨者凡子有過母輒蔽之父不得而知也業已知之則又曲爲之解此慈母之所以多敗子也

又曰吾蔡世守先訓皆無大不肖之子弟乃近歲漸漸有之雖曰子弟之過良由父兄之教不先間亦有一二勢力者將爲

武斷之行而故縱子弟以淩人子弟樂彼勢之可恃遂盡逞其凶惡之性而靡所不爲矣喪身亡家之禍皆由於此殷鑒不遠吾郡吾邑各有其人矣奈何尤而效之

今人家搬演淫媟戲劇以爲尋常之事不可訶止曾不思男女之欲如水浸淫即日事防閑猶時有瀆倫亂義之事而況乎宣淫以導之試思此時觀者其心皆作何狀不獨年少不檢之人情意飛揚即生平禮義自閑到此亦不覺津津有動稍不自制便入禽門

又曰服奇者志淫男子猶不可何況婦人凡居家婦女祗宜淡妝素服雖遇賓祭大事不過略加修飾如詩所謂君子女者

斯可矣若無故而嬌妝豔服其人必大可疑其家不久亦敗
吾曾叔祖叔震公娶朱尚書女初入門衣服麗都吾高祖母
林安人不以爲然也笑曰尊人愛女乃用如此美服朱解其
意遂終身不爲華麗之飾迄今稱婦德者以爲美談

又曰禮婦人迎送不出門卽歸甯父母亦須一嫗自隨無故不
飲酒卽賓祭吉事不過三行五行而止至於入廟焚香垂簾
看戲作會燕飲雖男子猶不可亟宜禁止

又曰據顏氏家訓言吾家巫覡符章絕於言議汝曹所見勿爲
妖妄是巫覡之惑人由來舊矣近世邪教日多種類非一人
家婦女邀福心勝不吝傾貲蕩產以從之以有限之脂膏塡

無窮之巨壑深可惜也不思福果可邀巫覡自爲之何有於我吾家好巫之人未有不爲巫所誤而好之最酷者受禍最慘殷鑒不遠各宜猛戒

又曰天下之寶當與天下惜之凡暴殄天物之家未有不敗亡者是故人家雖甚富貴也須愛惜物力至於五穀乃人所賴以生者而又粒粒皆從辛苦中來其所以愛惜而珍重之者又當何如乎故凡廚房內撒潑五穀不可不歸罪婦女亦如書房內作踐字紙不可不責備子弟

又曰吾漳氣厚風和先輩雖大寒不過單衣三二事五十以後或易複衣有終身不加棉著者可笑今人在襁褓即用複衣十

歲以上遂加棉衣甚且以皮爲之無怪乎眼目易昏未四十卽帶眼鏡也

又曰大學平治之道不過用人理財其實此二事者乃居家之要務故凡冗食必汰而奴僕之非老成勤謹者勿任也男耕女織是生財之大道外此惟度其義之所當爲者亦非必孳孳爲利計較毫釐之閒但須爲疾用舒稍存贏餘以防意外耳苟有長物甯可居積不可放債至凡親友緩急相挪惟恨不能勉應之業已應矣不必又促其償業已償矣不必又收其息

庚子秋帖示族中子弟

蔡世遠字聞之號梁村漳浦人康熙己丑進士
官至禮部侍郎謚文勤有二希堂集

數年來集族中衆子弟在家廟課業勤勵有加今秋闈在卽纍纍佳篇吾何能不快然然文章特一端耳立心制行更爲要著願諸子弟篤倫理之際嚴義利之辨現在居家處世何若將來居官理民何若醇此孝慕之念守其廉潔之操今日强毅立志終身守此不移盟之幽獨質之鬼神則更獲天人之佑助非徒科名可必也抑余又聞家祚之昌由於父兄所培積更願諸爲父兄者各宏裕其量洗濯其心去其斤斤沾沾卑卑之念常存此藹然惻然肫然之心日克臻斯日加勉焉尚或不遠速自淬焉則子弟藉爲獲福之資父兄亦享安榮之樂矣不佞閱世閱

人頗多。凡所諄諄非迂闊之言。皆肝膈之要也。

壬子九月寄示長兒

蔡世遠

在家事叔父當如父。事兩叔母如母。凡事如己事。不可推諉。凡藉端避嫌者。皆孝友之心不摯也。我在家時。由親及疏。應為謀者。必悉心力。人亦相諒。汝所見也。從父弟。視之如胞。不時誨訓。或飯後。或晚聚。皆當有嚴憚敦切之意。勿使墜於閒談。不義。浮薄成性。好美衣食為念。第一是使之知重倫輕利。使一生之根基牢固。又須刻刻告以讀書當切己身體。以所言為法戒。不是只教汝為文章也。家中內

外之防。最宜嚴。即大石灣潭二處。尤當時時照察。如捧飯菜男女授受限以閾。男僕不可遣使自入廚房捧置。宜守此

家中須節用爲先。每日食用。須有限制。輕用不節。其害百端。又切不可鄙嗇爲心。凡義所應用。不可有一毫吝心也。自家用度。即筆紙油鹽以至微物。皆宜愛惜。宜用處則不然。若只以求田問舍爲心。人品最下。恥惡衣惡食。志趣卑陋之甚者。推之凡事。皆要虛體面以誇流俗。此最壞品立心行事。讀書作文不如人。實可恥也。

待僕從。不可刻薄。然不可不嚴。有玩法者。立刻處置。錢財不清亦即酌其輕重而處之。

讀書最要限程。讀經史性理。隨力自限。總是每看必返己自考。

古文亦隨力讀時文以應試。晚閒以餘力及之。

我與汝兩叔父俱不在家。汝年少。毫不曉事。只是閉戶讀書。誨勖子弟。不可一毫與外事。但族中事有宜與知者。亦無推諉。我原立有家規。隨家長贊成之。凡事須至誠至公至謙和。處之自無咎戾。亦無過分處。我在家時。鄉鄰三百餘家。西湖本族皆勸禁賭博。二十餘年已成風俗。汝力不能。本族當與家長申明之。鄉鄰則日與鄉耆里正同勸戒。自然依我前約也。

凡行事。揆之情理。裁之以義。切不可為人所愚。宵小之輩。動以利。不聽。則脅以名。欺誑於初。後則云不可中止。須自主張。不

拘何人守義要切父命當遵

待人最要從厚人待我不循禮我以薄施之是我無以異於彼也只循我分盡我心

今日接汝桐鄉季父來字云汝凡事好自以爲通曉其實一毫不識蓋家中被人欺誑順奉故也當牢記痛改

與人言語切不可有爭氣我見汝在京與人言說常有爭氣此損福損德之一端須戒

晚間方點燈時先生爲小子說小學數條汝與從叔父諸羣從同在坐要義各爲提撕小子傳集不可缺一將來子弟重倫輕利不染習尚庶可不墜家風且或可成人物

凡事只可罪己。不可尤人。薛文清云。不忮不求。何用不臧。是守身常法。不可不三思。

吾家子弟。最宜常勖以立大規模。具大識見。不可沾沾焉貪目前安卑近。朱子云。天下事。壞於懶與私。最切今之弊。懶則不肯勤勵。學殖荒而志氣亦墜。私則自至親間。尚分畛域。有利心。尚望其有器識。有所建立哉。

村俗秀才。株守時文一冊。止望得第。夢夢一生。與時循環。全不計及異日施設若何。結局若何者。此鄙陋之尤。最所當戒。即學古而止以爲作文章用。講學而不能躬行。亦甚可恥也。我老矣。諸子弟有能副吾望者。此心何日忘之。

# 豐川家訓

王心敬字爾緝號豐川陜西鄠縣人李二曲先生門人乾隆丙辰舉賢良方正以老未就有豐川先生集

古人有言曰君子言善行善則千里之外應之言行不善則千里之外違之言行之發榮辱之主也可不愼歟然吾以爲問在人之應違尙遠言而不善一言或且沽生平之禍或且折終身之福行而不善一事或且傷天地之和或且累畢世之品其於吾身正甚切也然吾以爲問之生平終身問之天地畢世亦尙遠耳言行不當反之此心莫見莫顯之昭著不啻十目十手之指視這些處如何可堪

子弟如氣質駑下不能博涉五經全史經如書經禮記卻須精習一部小學性理綱目大學衍義數書亦須教之常行觀玩使知做人正路性命源流聖學宗旨古今治亂歷代人物梗概斷不可令習天文讖緯星相術數至於字乃日用必不可廢之事卻須教之學習晉唐名帖但習之有常縱不大佳亦自不至於粗惡刺目若畫則雖清事卻不可學無論精到爲難即學成家數費如許心徒爲他人供扇頭紙上之戲玩亦何爲乎且子弟高識者少將畫作適情事尚可有如視爲美技良術更不事事則敗家喪品皆由於此故斷然禁戒不可令習也

凡所讀之書讀時期於反上身來貼切理會遇事遇境期將所讀者依傍行習久之則書與我浹洽讀時旣津津有味行事亦非格格不合汝讀一部勝十部讀一句勝十句也若徒入耳出口雖多奚益

爲人子者須時時有顯親揚名立身行道之意

兄弟同胞是曰天顯其人賢智固爲我切近師友即中材下愚亦我同氣連枝當倍加軫憐況父母鞠子之哀此義亦須深念豈可不兄友弟恭義厚恩深

人家欲家道之縣長教子乃其首務須以嚴正爲貴正則子不至於越禮犯分嚴則子不至於縱欲敗度積習久之自然習

慣性成但得中材當能守分循矩不失爲世上善人但得善人則家世所益亦非淺鮮

南人無論貧富貴賤無生子不教讀書者此意甚好蓋人生本善一經讀書無論氣質好者可望成就卽中材能識得三二分義理亦是保身保家之藉資我北人見識鄙吝淺俗但一貧窮便不令子弟讀書從師甚且有閭鄉百十家無一蒙師至使富足之家數十口無一識丁之人此風最是可笑可惜也日後子孫但非癡聾瘖啞當七八歲後必須令之從師讀書至十二三歲爲斷以下些義理種子

教子弟第一戒其虛浮禁其奢侈蓋虛浮不戒習以成性將來

必至喪卻人品壞忠厚家風奢侈不禁緣爲固然將來必至蕩業敗產困頓流離

子弟清靈而虛華不實此是妖孽切勿欣喜縱放急須教之樸實

飲食無求奢衣服無求美器具但取堅房屋但求固田產無太多亦只期於足用而止不特物忌太盈天地之福當爲愛惜亦恐使子孫視爲固然志驕心盈益求華好不知愛惜則傾覆由之也

處親戚朋友忍小忿喫大虧是交久無釁之道

重刻日省堂書紳集

李繪先爵里未詳

對失意人莫談得意事處得意時常想失意事

人家皆以飢寒為患不知所患者正在於不飢不寒耳此語最宜深體

人謂子孫愚懦者覆宗不知覆宗偏在巧而愎者人謂子孫厚積者貽謀不知貽謀偏在薄於取者

家訓

方元亮爵里未詳

大凡人之進步決不是一路進則幾處並進退則幾處並退動筆作文與尋常言語行事總是此心為之此心一放則處處

乖張此心收斂則處處停當可刻刻自檢驗也若人之質地可以有成只宜認定一條正路其自家庭之間與夫鄉黨道路與夫古稽今居莫不用心體究以一歸於此路則何患不長進哉昔人有言居今之世為今之人自己珍重自己打算千百之中無一益友眞閱歷之言非過激也尤可笑者一般損友相與前曳後擁只喜引人為不善即與之言善不過杯水車薪而已又少年未嘗涉世於人情世故上極要用心體察易曰君子上交不諂下交不瀆詩曰惟仲山甫柔亦不茹剛亦不吐此處正可驗自己學問進退也又作文雖無破綻可以指摘而少精力此則開筆作文以來所趨只就平穩一

路故耳然亦病也多讀書則義精力厚不期病之去而自去矣
古人有言子弟可以終年不讀書不可一日近小人眞篤論也防閑之道惟有嚴父率勵嚴師督責鍵門教課勿令見利而遷蓋人之氣質爲惡則易爲善則難苟使一見異物隱微誘革有非父兄師長耳目之所能及異日之悔將有不可言者故不得不愼之又愼耳若自身課讀子弟實驗得不如先生之整齊而出門附學從師亦深見其不如在家之無損
凡人最不可心浮而氣傲浮者忠信之反事皆無實爲惡則易爲善則難傲者敬之反象之不仁朱之不肖只坐一傲字浮

之流弊必薄必輕傲之流弊爲戾爲很皆必敗之道也

人家承式微之運當如祁寒之木堅凝葆固以候陽春之回處榮盛之後當如既華之樹益加栽培無令本實先撥至於祖業更當珍惜自秦而降公家無復制民之產有無多寡皆由祖父所遺若復輕視莫知敬惜非敗絕即流亡矣可不省乎

## 傳家寶

石成金 字天基揚州人有傳家寶全集一百二十種

今人不孝順的事也甚多且將眼前的說幾件與爾聽假如父母要爾一件東西值些甚麼爾就生一箇吝惜心不肯與他要知爾的身子也是父母生成的何況身外之物麼父母吩

咐一件事沒甚的難幹。就生一箇推託心。不肯從他。要知君叫臣死。不敢不死。父叫子亡。不敢不亡。但死亡尚且不避。何況是勞苦的事麼。又何況是容易做的事麼。父母說了爾幾句。或罵了爾幾聲。或打了爾幾下。就生一箇瞋恨心。不肯服他。甚至反面相向。怒目相看。要知道爾奉承勢利的人。無所不至。就是被別人罵。別人打。也有甘心忍受的。只到了自己的父母。便生瞋恨了。爾何不將那奉承勢利人的念頭來奉承父母。性氣自然平和了。況且父母因爾做的事不好。纔說爾。罵爾。打爾。這都是教訓爾學好成人。就是老人家做事顛倒。說話瑣碎。以非理相加著爾。爾還要歡喜承受。何況教訓得正麼又有一等人背了父母只愛自己的妻妾丟了父母只疼自己的兒女爾何不將愛妻妾的心腸愛父母呢疼兒女的意思疼父母呢古人云以愛妻子之心愛父母則無有不孝若不回想一想此眞是箇人中的豺狼梟獍了

何爲安父母的心凡事要聽父母教訓做好人行好事不可越理犯法惹禍招灾大則揚名顯親小則安家樂業父母心中纔得歡喜爲何孝字連箇順字爲子者須要時刻把父母的心細細體貼著意尊敬不敢有一些衝撞言語聽信不敢有一些違拗不但承歡膝下不違逆就是父母不在面前所作所爲的事略要父母耽憂的提起父母的念頭便急忙改正

惟恐虧體辱親這纔叫做孝順再如處繼母之變雖然是繼實與母同至於養母庶母也是箇母禮上有三父八母總看父親的面上須要隨處盡孝父母上邊有祖父母須要體貼父母的心一般孝敬父母下邊有小兒女兄弟姊妹雖不同胞總是一氣生落須要體貼父母的心好生愛養古人云父母之所敬亦敬之父母之所愛亦愛之正是此意或有父母互相爭鬬須要委曲調停不可偏生向背或遇父母有過須要和顏悅色下氣低聲從容解勸若父母不從徐圖感悟之法萬一父母動氣打罵只認爲子者有未盡理處須要安心忍受曲意奉承自古道天下無不是的父母父就是天母就

是地那有爲人敢與天地爭是非麼古人云父雖不慈子不可以不孝要令父母在生一日寬懷一日這便是安父母的心了。

總之世上不孝的人病根在於好貨財私妻子却不知道自己的身子還是父母生養的一切家產貲財豈敢視爲己物就是父母年老把家事託與兒子掌管也要一錢一物交父母看見一出一入聽父母吩咐自古道父在沒子財那有兒子拘管父母的理至於自己妻子誰人不知愛重但要知妻子是後來的人若不是父母生下此身焉有這妻子况人若失了妻子還能有個妻子傷了父母那裏再得個父母來人一

思想到此豈不悚動良心。

如今風俗澆漓人情奸險把這尊長二字全不放在心裏其病根只爲把名分看輕了或恃聰明或負意氣或倚富而有財。或倚貴而有勢一味傲慢無禮恣睢暴戾何所不至故始於犯上必終於違悖所以天下第一種凶人多從目中不知有名分積漸而成。

世人接續宗祀保守家業揚名顯親光前耀後全靠在子孫身上子孫賢則家道昌盛子孫不賢則家道消敗這子孫關係。甚是重大無論富貴貧賤爲父祖的俱該把子孫加意愛惜。但是爲父祖的不知愛惜之道所以把子孫都擔誤壞了何謂愛惜之道教之一字時刻也是少他不得試看古者婦人一有懷孕就目不視邪色耳不聽淫聲這叫做胎教所以生子形容端正聰明過人子能喫飯就教他用右手子能說話就戒他出嬌音六七歲時男女就坐不同席食不共器一切出入飲食教他遜讓長者衣服不翦細帛飲食俱有時度八歲入小學教之以灑埽應對進退之節禮樂射御書數之文十五歲入大學教之以明理正心修己治人之道至於女子十歲時就不許出閨門教以針翦紡織之法飲食廚臼之事一切語言容貌俱要溫恭柔順古人教訓之法還多不能盡述想他當日豈不知愛惜子孫為甚麼把子孫這樣拘管呢

正爲不是這樣拘管就成不得人所以孔子曰愛之能勿勞乎必定要勞苦子孫纔不耽誤子孫纔是眞正愛惜子孫子孫好與不好只在箇教與不教上起根蓋不教他儉樸則必奢華不教他辛勤則必游惰不教他忍耐則必忿爭不教他謙恭則必倨傲出此入彼自然之理但世上的人那一箇生下來就是賢人都從教訓成的那一箇生來就是惡人都從不教訓壞的譬如玉不琢磨就是廢玉怎得能成珍器田不耕鋤就是荒田怎得能成豐熟

可惜而今有子孫者胎教的道理全然不曉至於生長以後嬌生慣養使性氣也不惱他罵爹娘也不禁他欺兄壓長也不

約束他慢鄉鄰辱親友游手好閒任意爲非也不責治他一切飲食衣服從其所好滿口膏粱渾身綾羅甚至誣賴騙詐好爭慣訟壞盡心腸除不警戒他更有反誇子孫乖巧者加以世上婦人護短的甚多一見丈夫管子孫方纔開口罵動手打他就攔阻嚷鬧起來因此寵壞子孫者不少

世間不肖子的根苗多從父母釀成但父母愛惜兒子原是好意殊不知子若不教正是把他一世終身都坑害壞了我每常見人家父母惜兒子任他的性情游戲閒蕩讀書的書也不問他讀多少做事的事也不管他做若干凡是略辛苦的生業便不叫他做殊不知把他的身子懶惰慣了性子自在

熟了及至他後來自己做人便諸事只圖自在稍有勤勞的就不喜歡少有辛苦的就不耐煩因此一切事務東不成西不就苗而不秀秀而不實粗魯浮淺不得成器都從這箇惜他上釀起來又常見人家父母愛兒子定要好食與他喫好衣與他穿好器物把他用好去處領他頑殊不知他喫慣了好的穿慣了好的用慣了好物件頑慣了好處所及至他後來做人便奢華慣了不知節省也不曉得銀錢如何難掙也不明白家業如何難創因此浪費浪用賣田賣屋多從這箇愛他上釀起來又常見人家父母疼兒子隨他的偏執凡百事情恐怕違拗了他儘他要的便與他儘他惱的便與他打

罵出氣殊不知順從他慣了及至他後來自己做人一發自由自縱打人罵人撞禍生事多從這箇疼他釀起來又常見人家父母喜歡兒子專一調笑哄他就是他說非禮之言只管作耍做詭詐之事只管作戲殊不知把他褻狎慣了及至他後來自己做人一味苟且歪邪越理犯分多從這箇喜歡他縱容起來又常見人家父母不拘管兒子長至十來多歲已自成人他交的朋友也不問他賢與不賢做的事務也不問他好與不好殊不知把他縱容慣了及至他後來自己做人全無忌憚總沒怕懼姦盜邪淫為非作歹多從這箇不拘管他放肆起來可見種種壞事總由父母不教而起及至後

來家業被他破壞祖宗被他玷辱父母妻子被他連累那時父母割捨他不得欲教他又不能到得此時方纔知道當初惜他愛他疼他喜歡他不拘管他卻不是爲他都是坑害他悔也悔不來教也教不及恨也恨不了只落得悽惶苦楚旁人歎息不獨爲父母的痛恨早不教訓就是爲兒子的自己也痛恨父母早不教訓就恨也無用了

世間有一等知教訓而不知道理的人指望子孫長進其實與耽誤者一般就如教訓子孫讀書原是第一等好事爭奈不知教以孝弟忠信禮義廉耻的道理所教導的不過是希圖前程指望富貴改換門閭衣錦還鄉把子孫成箇謀富貴圖

貨利的心。所以後來沒甚好處。試看子孫後來做了官的。不做好事。不愛百姓。往往玷辱家聲。折損陰騭。甚而貪贓壞法。以致家破身亡。遺累父祖。這不全是子孫不肖之罪。卻是當初教得差了。

但有嚴父。必出好子。嚴之一字。不是只在朝打暮罵。須要事事指引他。但不許他放肆。非為愛之一字。原不在於撫摩喜笑。須要調他的飢寒。節他的心力。但不許他費精神。做無益不正之事。父母要教他竭力孝順。不許他忤逆。兄弟朋友。要教他存心謙讓。不許他欺侮。要教他長厚。不許他刻薄。要教他度量寬宏。不許他絲毫較量。言語要教他信實。不許他虛謬行止要教他安詳不許他慌忙錯亂待人要教他謙恭和藹不許他傲大做事要教他勤勞不許他懶惰早晚出入要時時查考他不許他浪蕩胡行衣食禮節要件件吩咐他不許他奢華鹵莽凡是父母祖父母師長尊長好朋好友的訓言要教他聽從不許他違悖凡是琵琶三絃笙簫鼓板紙牌碁骰一切戲耍之物要教他謹戒不許他習學不許他與匪類相交不許他與邪地相近喫飯要約數不許他過飽若過飽則脾胃不能運化而成病飲酒要適中不許他大醉若大醉則肺傷而耗損精神不許他多言多語則怨尤自息不許他相罵相鬬則讐恨自無人生的貧賤醜陋不許他嘲笑人家

的閨閫是非不許他談論不許他訕謗前人不許他戲謔同輩淫詞俚唱不許他見聞風寒霧露不許他遠冒奸邪小人不許他同處恐他身心移變江湖山崖峯頭橋梁一切險地不許他輕往恐他傾跌危陷衣服要按時添減不許他忍受寒冷讀書寫字講學作文要隨時查問不許他優游懈怠虛度歲月坐立揖讓不許他歪邪忙亂行走不許他跳敎他小心做事不許他粗心浮氣授他資身營業不許他妄想巴高賓客前不可試他乖巧亦不許他賣弄乖巧酒席上不可任他顛狂亦不許他笑人顛狂不許他打奴罵婢不許他殘物害生但凡無益的閒書不許他看但凡無益的閒事不許他

管我這上邊的說話共計二十聯四十條不許的事言雖淺
俗俱是敎子切要的法則
世人教子讀書只圖做官這也不是從來讀書的多做官的少
也有讀書做官的遺臭萬年也有讀書不做官的流芳百世
但論子孫賢與不賢不在做官與不做官也若是子孫資質
聰明可以讀書的須要請端方嚴正先生把聖賢道理實實
敎導他果然敎得子孫知道孝弟忠信知道禮義廉恥知道
安分循理知道畏法奉公這就是賢子孫了至於窮通有命
富貴在天做官的忠君爲國潔己愛民上受朝廷的恩榮下
留萬民的歌頌使人稱道是某人之子某人之孫這纔叫做

揚名顯親不做官的守義安貧循規蹈矩上不干犯王章下不背違清議使人稱道是某人之子某人之孫這也就是光前耀後若氣質愚鈍不能讀書就教他做正經生理爲農也可爲工也可爲商賈也無不可但要教他存好心教他行好事教他節儉辛勤不可奢靡懶惰教他循禮守法不可意大心高教他義中求利本分生涯不可利己損人明謀詐騙至若縱酒行兇姦淫賭博興詞好訟嫁害良人諸如此類尤當禁止總之只要把子孫教得不惹事不招災他自然享許多安樂快活這纔是父祖的眞心慈愛

天下做一樣人就有一樣當盡的事件貴賤大小成就一般在

家中爲肖子。在世上卽爲良民。究竟祖孫父子安居樂業敎訓處原是父祖的受用。只看律條上有卑幼犯法。罪坐家長婦女犯法。罪坐夫男。我往往見有子孫犯罪。連累父祖。以致敗壞家業。玷辱門風。總因平時不曾敎得。及到了犯法。無論姑息無所施。卽懊恨亦無所用。指望子孫防身靠老。繼業承家。誰料有子孫反不如無子孫。這就是養子不敎的結局。可不傷慘。

人家有應戒的事。今約計三十條。我逐件說與你記著。不許卑幼冒犯尊長。不許子弟交往匪人。不許婦女咒罵高言。不許婦女入寺燒香。遊山看會。不許家人搬鬭是非。不許奴僕生事不習博弈牌骰馬弔不學吹彈歌唱不畜戲玩古董不籠養蟲鳥不頻宴客不多興土木不用細緞被褥不穿細袴不殺生不作賤米穀不養閒漢出入不容三姑六婆進門不畜俊僕不錮婢不延妓優入門不信邪巫不以金銀珠寶裝飾小兒不用色銀小錢輕戥重稱刻薄窮人不交結勢宦鏇棍訟師不鄙笑貧窮醜陋愚朦不嫌飲食衣服居處行事樸實儉素不欠官錢私債不貪睡早覺不更深衣半聚飲無度

待人的法也無甚難事只要爾春風和氣誰人還來惱怪爾只要爾謙恭忍耐誰人還來淩虐爾只要爾行善修德誰人還來毀謗爾只要爾隱惡揚善誰人還來搬唆爾凡親友鄉族

之中有德行的要尊重他有學問的要就正他有年紀長的要恭敬他有年紀小的要愛恤他有橫逆的要寬容他有強暴的要迴避他有喜慶的要拜賀他有疾病的要問候他有善事的要稱揚他有惡事的要勸化他有官詞的要和解他有冤枉的要表白他有患難的要扶持他有死喪的要祭奠他有孤兒寡婦老病殘疾以及婚喪困窮無貲的要憐憫他要量力周濟他比爾富貴的不要妒忌他詐騙他比爾貧賤的不要欺淩他亦不鄙笑他但有一切相爭相嚷的自己只認了個不是自然和好了他縱有以非禮加你的你只管平心和氣以禮相待自始至終只是忍讓就是極不好的人久

則自然感動了他。這就是待人的法則須要切切記着。

按傳家寶者。揚州石成金之所輯也。其書鄙俚淺近專務泛應麗雜。在諸訓世陋書中尤多迂腐庸謬不切之處。蓋譚書也。儀封張氏所錄數則雖凡俚不衷於雅馴然其反覆諄懇引喻切近比於人情亦可以箴頑而砭俗故取張氏本書。既擇其尤要者著於篇而於此亦因而存之以覺吾子弟之愚瞶者云爾豈可以其書與諸達人君子之書比類而並重之哉。

增錄

訓陸騭二子

王　厚字遂初鄞縣人

承家不在名位而在不失身敬身不在外貌表暴而在毋自欺讀書當貫古今處世必審進退其或同流合汙以爲通矯時干譽以爲高患得患失以終其身者吾所深惡非所望於汝輩也

大抵君子小人全在眞僞上分別立心不實則做工夫不實做工夫不實則德行事業將來無著腳處縱使學問文章足取巍科炫節一時未有不終歸於小人而凶者也眞僞全從爲己爲人上分別爲己則讀書講學辨別善惡關

頭。步步親切近裏。只要有益於身心。有用於天下。造成箇
純正端方的人物。譬如飲食入到自家胃裏。血氣自然滋
長。肌膚自然充肥。爲人則一心在世情名利上纏繞。縱然
才敏學博。讀盡經史百子。止是駔賈鬻賣之具而已。譬如
飲水喫飯。都從脊梁後下去。冷煖全然不知。何能更得他
滋養之益。所以讀書一生作孽一生。再沒翻身回頭日子
也。況誦讀幾篇臭爛時文。玩索幾部庸腐講章。那得有分
毫氣力。提醒得他耶。嵬嵬終身。醉生夢死。如亡牛喪狗。奔
走狂馳。永無還家日期。豈不可惜。豈不可憐。汝輩讀書。如
從爲己起見。自然學向君子路上去。便是德成而上的人

物將來有無限好境界。在善身善世。都是儒者本分事。古人不遠。吾竊爲汝望之。卽令質性駑下。不能遠到。亦必守分安命。忠厚保家。不至流入寡廉鮮恥。敗名喪檢地位。自家無虧損處。祖宗無玷辱處。所謂贏得爲君子也。若從爲人起見。必然學向小人路上去。質性駑下的。至不明白聖賢道理。思量爲人須當如何。甚則世事一些不曉。卻也妄作敢爲。胡亂過活一生。質性聰明的。便行險僥倖。一向徇私意做去。義理都喪。彌縫愈工。敗露愈甚。名位愈盛。禍敗愈慘。到鐘鳴漏盡時節。反似讀書陷害了自身矣。所謂枉了爲小人也。而今千言萬語。總欲汝輩改正心術。培養德性。切不可徇外爲人。把人品根脚壞了。果能認得眞路徑做得眞工夫。由此向上去。有無窮好消息。後來爲處士爲官人。都有做不盡事業。何有於科名之得與不得也。否則趨時黴緣。希圖一遇。究竟與守正君子。一般都有命在。無强求必得之理。況有毁名裂節。買禍殞身。覆轍可鑒者哉。昔人有云。蚤知窮達有命。悔不十年讀書。知之不蚤。老大徒傷。將何益矣。此吾向來閱歷眞境實界。懺悔一番受用一番。故不肯不爲汝輩諄切言之。要之。作德心逸日休。作僞心勞日拙。願汝輩爲有品之君子。不願汝輩爲無行之文人。願汝輩爲老實頭的農夫。不願汝輩爲喪元氣的進士。一生心血盡此數語。故復取王氏訓子之言。推而明之。
附諸編末。以示要歸如此。汝輩如良心未壞。須當猛省。

志學會約略

湯　斌字孔伯號潛庵睢州人順治壬辰進士累官禮部尚書謚文正○按公從祀孔庭

學者莫先於立志。孔子十五志學。便志到從心所欲不踰矩、我輩四十五十。尚未知志學。何以爲人。程子曰言學便以道爲志。言人便以善爲志。今與諸君立會。以志學名。欲先定其志要識聖人之所志者何志。所學者何學。如適京師者。必先識京師之路。雖相去千萬里。畢竟路徑不差。漸次可近京師。否則適北而南轅。用力愈勤。相去愈遠矣。後列會約數則。以就正先生長者焉。

一會每月以初一十一二十一中午爲期。不用柬邀。一揖就坐。世情寒温語不必多。所講以身心性命綱常倫理爲主。其書以四書五經孝經小學。濂洛關閩。金谿河東姚江諸大儒語錄。及通鑑綱目大學衍義等書爲主。不許浮泛空談褻狎戲謔。

一人非聖賢。孰能無過。吾輩發憤爲學。必要實心改過。默默檢點自己心事。默默克治自己病痛。若瞞昧此心。支吾外面。即嚴師勝友朝夕從遊何益乎。每見朋友中自己吝於改過。偏要議論人過。甚至數十年前偶誤。常記在心。以爲話柄。獨不思士別三日。當刮目相待。舜蹠之分。只在一念轉移。若向來所為是君子。一旦改行。即為小人矣。向來所為是小人。一旦改圖。即為君子矣。豈可一眚便棄。阻人自新之路。更有背後議人過失。當面反不肯盡言。此非獨朋友之過。亦自己心地不忠厚不光明。此過更為非細。以後會中朋友偶有過失。即於靜處盡言相告。令其改圖。即所聞未真。亦不妨當面一問以釋胸中之疑。不惟不可背後講說。即在公會中。亦不可對眾言之。令彼難堪。反決然自棄。交砥互礪。日邁月征。庶幾共為君子。改過遷善。為聖學第一義。我輩勉之

一聖賢義理。載於五經四書。而其要具於吾身。若舍目前各人

進修之實。不以改過遷善爲務。縱將注疏大全辨析毫釐。與己全無干涉。聖學首重誠意。自欺自慊。皆在隱微獨知處勘證。若徒彌縫形迹。不實在心地打點。即外面毫無破綻。總是瞻前顧後。義襲而取。苦力一生。究竟成一鄉愿。到對天質人處。心中多少愧怍。我輩著實用力。必期躬行心得。義利誠僞關頭。不可一毫將就。混過此日。勉强久之。必有純熟境界。

余既錄張氏書終篇。復取四明王氏訓子語發明之如前所以指引路頭。使汝輩撥正腳跟。以爲强學力行之地。至於爲學先後次第之法。則尚未之暇。及茲得睢陽湯氏志學會約。大路以講學改過慎獨爲要義。提撕警切。雖於學者用功節目。未詳其本末。然其大綱大本處。可謂確而正矣。因復取而錄之。以示學者。使知進學入門之梗概如此。日日勉之。日日省之。與的然之小人相去遠矣。倘由此而求之伊洛建安所著之書。以得其造道入德之方。與聖學始終體用之全。更由此而求之宋元有明以及我

朝諸大儒之書。以得其是非邪正異同之辨。不患不到聖賢精微地位也。